Franz-Peter Schimunek

Schülerbeurteilungen

Lehrer schreiben Wortgutachten

R. Oldenbourg Verlag München

PRÖGEL PRAXIS 164

© 1991 R. Oldenbourg Verlag GmbH, München

Das Werk und seine Teile sind urheberrechtlich geschützt. Jede Verwertung in anderen als den gesetzlich zugelassenen Fällen bedarf deshalb der vorherigen schriftlichen Einwilligung des Verlages.

3. Auflage 1993

Herstellung: Fredi Grosser
Satz: Mühlberger GmbH, Gersthofen
Druck und Bindung: Schneider Druck GmbH, Rothenburg ob der Tauber
Umschlaggestaltung: Fredi Grosser,
nach einem Konzept von Mendell & Oberer, München

ISBN 3-486-**98620**-1

Inhaltsübersicht

Vorwort 5

Kapitel 1

Wer ist wer? – oder: Wozu Bewertung und Beurteilung
der Persönlichkeit? 9

Kapitel 2

Was ist was? – oder: Wie bekommt man Informationen über
die Qualitäten anderer Menschen? 17

Kapitel 3

Was und wie? – oder: Was kann der Lehrer wie tun, um zu
Informationen über seine Schüler zu gelangen? 24

Kapitel 4

Wann und wie – sage ich es meinem Kinde? 33

Kapitel 5

Was und wie – formuliere ich im Zeugnis? 39

Literaturverzeichnis 47

Vorwort

Liebe Lehrerinnen und Lehrer!

Wir leben in einer neuen bewegten Zeit. Die schnellen Veränderungen haben in der „ehemaligen DDR" auch um die Schule keinen Bogen gemacht. Die Erarbeitung von Manuskripten, die vorrangig auf dieses Territorium gerichtet sind, läuft heutzutage nicht selten Gefahr, der Entwicklung nachzuhinken!

Dennoch muß die tägliche Arbeit „vor Ort" weitergehen. Und mehr denn je ist Unsicherheit zu verspüren. Unsicherheit darüber, wie mit neu gewonnenen Freiheiten umzugehen ist, welche Orientierungen für den einzelnen aus der Pluralität der geäußerten Meinungen „richtig" und gültig sind, ja gibt es überhaupt noch „richtige" Meinungen? Welche Ziele sind mit unterrichtlichen Aktivitäten zu verfolgen, wie beziehe ich die „Hauptakteure", die Heranwachsenden mit ein? Wie gebe ich dem gewachsenen Recht der Eltern, ihre Verantwortung zu tragen, Raum? Natürlich gibt es an dieser Stelle nicht auf alle Fragen schlüssige Antworten. Das kann gar nicht anders sein. Der Platz würde wohl nicht ausreichen, um umfassend Standpunkte zu vielen, wieder neu aufgeworfenen Fragen darzustellen.

Es wird in dieser Schrift vorrangig um ein wichtiges Problem gehen: Fragen der *Bewertung* und *Beurteilung* von Schülern. Nun, so werden Sie vielleicht sagen, zu der „Hochglanzbücherflut" noch eins, wann soll ich das alles lesen? Früher war das Angebot überschaubar. Sie kennen sicherlich die Schriften von WECK (1976), vielleicht auch WITZLACK (1982). Nicht alles, was dort steht, hat heute nur noch historischen Wert. Jetzt aber haben auch Sie Zugang zu einer breiten Angebotspalette vieler pädagogischer und psychologischer Verlage und Institutionen. Dieses Angebot richtet sich meist an ganz unterschiedliche Interessenten. Das ist nicht weiter schlimm. Viel wesentlicher sind da schon mitunter nicht zu übersehende sprachliche Schwierigkeiten. Vierzig Jahre Zweistaatlichkeit führten zu einem gewissen „Auseinanderleben". Zugegeben, manches läßt sich durch einfaches Austauschen von Begriffen „regeln", und der Alltag wird dies recht schnell bewerkstelligen. Bei manchen Veränderungen wird es möglicherweise etwas länger dauern, vor allem dann, wenn sich gewisse Äußerlichkeiten ähneln und sich dahinter ganz verschiedene Sachverhalte verbergen. Auch früher wurden das „Schöpfertum", die „Selbständigkeit" und das „Verantwortungsbewußtsein" propagiert, und geht es um solche Fragen nicht auch heute (und heute erst recht)?

Natürlich läuft eine „Einheitsschule" immer Gefahr, zum Korsett zu werden, und zwar für diejenigen, die in ein Schema nicht hineinpassen, und damit letztendlich ein am Durchschnitt orientiertes Mittelmaß zu produzieren. Andererseits, wenn Sie beispielsweise lesen:

> „Sie selbst legen fest, ... was in Ihrer Klasse geleistet werden muß ... Wer sonst kennt die Leistungsfähigkeit, die Möglichkeiten und Grenzen der Kinder beim schulischen Lernen besser als Sie? Wer sonst kann die Unterrichtsziele und Inhalte so aufeinander abstimmen, daß Kinder erfolgreich lernen?" (BARTNITZKY, 1989, S. 10)

Ist d a s nun die Möglichkeit, zu schalten und zu walten, wie man will? Ist nicht Freiheit immer mit Verantwortung gepaart? Wäre nicht sonst jener Minderheit von Lehrern Spielraum gegeben, die sagen, bei Lieschen/Fritzchen ist „Hopfen und Malz" verloren? Und deshalb brauchen wir uns um die nicht (mehr) zu kümmern. Kann das nicht zu der bequemen Haltung verführen, nur noch den „Stoff" zu sehen und nicht mehr den Schüler, der sich diesen Stoff aneignen soll? Aber, so werden Sie vielleicht sagen, nach meinen zwanzig Jahren im Beruf macht mir keiner mehr etwas vor, ich kenne meine „Pappenheimer"! Jedoch sollten wir nicht übersehen, daß (und in Zukunft verstärkt!) immer neue Schüler mit immer unterschiedlicheren „Biographien" zu uns kommen (werden), Routine ist also fehl am Platz. Ihre Haltung als Lehrer ist gefragt, Ihr Vermögen, sich immer wieder neu auf die Schüler einzustellen! Dazu sind Kenntnisse und Fähigkeiten im differenzierten Umgang mit den Kindern notwendig, Kenntnisse gerade über die „Unterschiedlichkeit" der Kinder, aber auch im Umgang mit dieser Unterschiedlichkeit. Dieser „Umgang" gründet sich im wesentlichen auf Beurteilungs- und Bewertungsprozesse. Diese wiederum sind nicht möglich ohne Ermittlungsprozesse. Erst wenn wir tatsächlich wissen, wie das Kind ist, können wir „richtig" bewerten und urteilen.

Im ersten Kapitel werden einige theoretische Fragen aufgegriffen, die sich mit den bei Beurteilungen und Bewertungen beteiligten Personen befassen. Es soll damit als Grundstein für die folgenden Kapitel die Frage beantwortet werden, warum sind Beurteilungen und Bewertungen (in der Schule) notwendig.

Im dann folgenden Abschnitt werden vorhandene Strategien diskutiert, auf welchem Wege Informationen über die Unterschiedlichkeit der Kinder zu bekommen sind. Danach werden Möglichkeiten aufgezeigt, wie Sie als Lehrer sich ein Bild über Ihre Kinder verschaffen können.

In einem weiteren Abschnitt folgen Aussagen zum Umgang mit Wertungen, die auf den Ermittlungsergebnissen aufbauen. Solche möglichen Wertungen werden durch Fallbeispiele illustriert, die Ihnen in Ihrer unmittelbaren Arbeit helfen sollen. Vor allem auch den Lehrern, die aufgefordert sind, ihre Wertungen nicht mehr in Form von Zensuren auszusprechen (Klasse 1, siehe Verf. u. Mitt. d. [ehemaligen] Ministeriums f. Bildung und Wissenschaft, Teil I vom 17. 9. 1990), soll damit ein gewisses Rüstzeug mit auf den Weg gegeben werden.

KAPITEL 1

Wer ist wer?

– oder: Wozu Bewertung und Beurteilung der Persönlichkeit?

Seit Menschengedenken, ja vielleicht mit der Menschwerdung überhaupt, stellen sich Fragen wie Wer ist der Mensch, wie ist er, und was kann er (können)? Oft war es lebenswichtig und -erhaltend, den „richtigen" für eine bestimmte Aufgabe auszuwählen. Dazu ist „Menschenkenntnis" erforderlich. Und vielleicht schlug die Geburtsstunde der Psychologie zu dem Zeitpunkt, als sich Zeitgenossen genau diesen aufgeworfenen Fragen zuwendeten. Ein solcher Zeitgenosse war Theophrast, der vor rund 2000 Jahren seine Mitmenschen sehr genau beobachtete und dadurch in der Lage war, bestimmte „Typen" zu beschreiben, die er als „Charaktere" bezeichnete. Aufgrund dieser konkreten Alltagsbeobachtungen entstanden die Bilder vom „Schmeichler", „Geizhals", „Schwätzer" usw.
Sehen wir uns eine von diesen Beschreibungen an:

> „Der *Mißtrauische* . . . hat es in seiner Art, wenn er einen Diener auf den Speisemarkt geschickt hat, ihm einen anderen Diener nachzuschicken, der auskundschaften muß, wie teuer jener eingekauft hat. Das Geld trägt er bei sich, setzt sich alle hundert Schritte hin und zählt es nach. Seine Frau fragt er, wenn er schon im Bette liegt, ob sie den Kasten geschlossen, die Geldkasse versiegelt habe, ob der Riegel am Hoftor vorgeschoben sei; und trotz ihrer Bejahung steht er nichtsdestoweniger von seinem Lager auf, unangekleidet und ohne Schuhe zündet er ein

Licht an, läuft umher und sieht nach allem und kann auf diese Weise kaum zum Einschlafen kommen ... Er geht so weit, daß er seinen Rock nicht dahin gibt, wo man am besten arbeitet, sondern wo der Schneider einen tüchtigen Bürgen stellt." (THEOPHRAST, zit. nach HERZBERG, 1932, S. 21/22)

Sie werden zugeben, für die damaligen Verhältnisse eine recht zutreffende Beschreibung! Und dennoch ergeben sich Fragen, Fragen nach dem Wozu, dem „Sinn" der Persönlichkeitserforschung – darf man eigentlich andere Menschen er- bzw. ausforschen?

Natürlich können Sie als Antwort auf diese Frage berechtigterweise zurückfragen: Wenn zukünftig verstärkt „Schule vom Kind aus" betrieben werden soll, wie geht das, wenn ich das (die) Kind(er) nicht kenne? Genau das ist der springende Punkt. Individualisierung, das Anknüpfen an vorhandene Stärken und Schwächen ist eben nur möglich, wenn Informationen darüber vorhanden sind.

In diesem Spannungsfeld bewegt sich Psychodiagnostik nicht nur in der Schule,

„professionell betriebene Diagnostik und Autonomie der Person sind antagonistisch" (LANG, 1978, S. 20),

vor allem auch dann, wenn unter Diagnostik verstanden wird

„das geregelte Sammeln von Daten über Individuen derart, daß Entscheidungen gerechtfertigt sind, welche den Lebenslauf, die Entwicklung dieser Individuen, in intendierter Weise beeinflussen". (LANG, 1978, S. 21)

Niemand wird wohl bestreiten, daß durch „Schule" der individuelle Lebenslauf maßgeblich bestimmt wird und die „Schulkarriere" wiederum durch die ganz konkreten Umstände, in die der Schüler „hineingerät". Das erfordert ein hohes Maß an Verantwortungsbewußtsein im Umgang mit personenbezogenen Informationen, aber auch bei der Beschaffung solcher Daten. Die Art und Weise der Beschaffung solcher Informationen war und ist nicht unumstritten. Betrachtet man die Diskussion in der psychologischen Spezialliteratur einschließlich bestimmter Beispiele, die dort beschrieben werden (z. B. SCHULER, 1980), so werden Zweifel über die Angemessenheit mancher Vorgehensweisen laut. Hinzu kommt, daß bei allen Fortschritten der Psychodiagnostik ein bestimmter Grad an Unsicherheit geblieben ist, vor allem im Hinblick auf die Vorhersage zukünftiger (individueller) Persönlichkeitsentwicklung:

„Je wissenschaftlicher man aber wurde, desto deutlicher mußte man erkennen, wie unsicher alle Prognosen sind." (PULVER, 1978, S. 31)

Die in der ehemaligen DDR administrativ verordnete „Testabstinenz" in der Schule hat tatsächlich auch sachliche Begründungen! Die Gefahren einer gewissen „Testeuphorie", ausgelöst durch die vielfältigen Angebote, sind nicht von der Hand zu weisen. Bis hin zu solchen Gefahren, die schon Anfang der sechziger Jahre in den USA durch einen Buchtitel ausgesprochen wurden, die moderne Gesellschaft sei eine „Tyrannei des Testens" (HOFMANN, 1960). Mit dem Problem des Einsatzes spezifischer psychodiagnostischer Mittel werden wir uns im nächsten Kapitel noch näher befassen.

An dieser Stelle beschäftigen uns noch grundsätzliche Fragen. Ganz zugespitzt: Ist in der Grundschule überhaupt Psychodiagnostik sowohl in seiner „wissenschaftlichen" Form als auch abgeschwächt als „Menschenkenntnis" vonnöten? Wenn „Schule" (in dieser Stufe) „für das Kind" da sein soll, muß ich immer zielgerichtet (an Lehrplänen) vorgehen? Damit sind Grundfragen nach dem „Wohin" von Schule angesprochen. Wenn „Schule" mit einer bestimmten Zielstellung antritt (gleich wie sie aussieht und wer sie konkret festlegt), dann muß sich Schule auch an diesen Zielen messen lassen bzw. diejenigen, die in ihr agieren – die Lehrer u n d die Schüler! Nun mag diese Fragestellung ein wenig provokant klingen, aber sich solche Fragen zu stellen heißt, sich seiner Funktion als Lehrer (wieder neu) bewußt zu werden. Natürlich bleibt Schule (insgesamt!) eine Institution, deren Berechtigung auch in jetzigen „Umbruchzeiten" erhalten bleiben wird. Im Gegenteil, der „Wert" von Bildung wird in Zukunft noch stärker gefragt sein als bisher. Ständiges Um- und Neulernen wird ein Erfordernis werden (und ist es schon geworden!), dem sich kaum ein Bereich entziehen kann. Das liegt an unserer immer komplizierter werdenden Arbeitswelt, der zunehmenden Spezialisierung und Technisierung. Letztlich ist Schule aus diesem Grunde „erfunden" worden. Es bildete sich eine immer größer werdende Zahl von Spezialisten heraus, die sich ausschließlich dieser Aufgabe widmete. Auch die dafür zu verwendenden Konzepte gerieten zunehmend in die Diskussion. Vielleicht läßt sich die heute wieder in den neuen Bundesländern mögliche Pluralität in der wissenschaftlichen und praktischen Diskussion sehr verkürzt durch zwei Standpunkte verdeutlichen. Einer lautet, artikuliert auf Demonstrationen im nun schon zur Legende werdenden Herbst 1989: „Schule muß wieder Spaß machen!" Aber hat nicht auch die Meinung von *Prof. Crey* aus der „Feuerzangenbowle" ein Körnchen Wahrheit:

„Met der Schole est es wie met einer Medizin – sä moß better schmekken, sonst nötzt sä nechts." (SPOERL, 1933, S. 24)

Vielleicht sind beide Positionen gar nicht so weit voneinander entfernt. Der Autor selbst hat für das Buch ein Eingangsmotto formuliert, in dem die eben zitierte Position möglicherweise schon relativiert wird:

„Dieser Roman ist ein Loblied auf die Schule, aber es ist möglich, daß die Schule es nicht merkt." (SPOERL, 1933, S. 5)

Wissenschaftliche Untersuchungen belegen, daß beide extremen Ausprägungsvarianten Ergebnisse zeitigen, die jeweils ihre spezifischen Nachteile haben. Schule, die n u r Spaß macht, produziert „defizitäre Wissenssysteme", erhält aber die Freude am Lernen. Umgekehrt, das Durchsetzen bei den Schülern „unpopulärer" Forderungen liefert besseres Wissen, bringt aber die Freude am Lernen bald zum Erlöschen (WEINERT, 1988). Extreme, wie die hier vorgestellten, sind vielleicht nie besonders von Nutzen. Möglicherweise ist immer wieder neu ein Kompromiß zu schließen: Einerseits ist es notwendig, das Interesse am Lernen, an bestimmten Inhalten wach zu halten, „die heilige Neugier" (EINSTEIN, zit. nach HERNECK, 1988) zu kultivieren. Andererseits sind bestimmte Leistungen eben auch nur möglich in Verbindung mit solchen Eigenschaften wie Fleiß, *Beharrlichkeit* und dem Vermögen, Schwierigkeiten nicht auszuweichen, diese zu überwinden. Auch diese Eigenschaften fallen nicht vom Himmel, sie müssen in der Auseinandersetzung mit spezifischen Lerngegenständen in der Regel erst erworben werden. Hinzu kommt, daß (auch als „Rahmen") formulierte Lehrplanziele in den meisten Fächern hierarchisch strukturiert sind, d. h., im Detail aufeinander aufbauen. Das Erreichen „höherer" Ziele setzt dann den „Erfolg" bei den vorangegangenen Zielen voraus. Das gilt natürlich in besonderem Maße für bestimmte Übergänge zwischen verschiedenen Schultypen und -formen. Über gesetzlich verankerte Regularien (Zeugnisse) wird dies ermöglicht, womit wir wieder beim zentralen Thema sind. Das Erstellen von Zeugnissen wird erst dann dieser Funktion gerecht, wenn es auf der Grundlage realer und sachbezogener Informationen erfolgt. Das gilt nicht nur für den Wissensbereich – welche Kenntnisse der Schüler in welcher Qualität erworben hat, sondern auch für den erzieherischen Bereich, welche Persönlichkeitsqualitäten wie (bereits) ausgeprägt sind. Das liegt daran, daß Schule und die Gesellschaft überhaupt als sozialer Organismus nur funktionieren kann auf der Grundlage bestimmter zwischenmenschlicher „Umgangsformen". Diese müssen vom Heranwachsenden ebenfalls erst erworben, „gelernt" werden. Ihnen ist vielleicht die Erfahrung nicht fremd, daß ein „Unterrichten" in manchen Klassen nahezu unmöglich ist. Da wird „gezappelt", der Mitteilungsdrang (über das Fernsehprogramm vom Vorabend) kennt kaum Grenzen. Und da kommen Sie mit Ihrem gesetzlich verordneten Anliegen, den

Schülern die Multiplikation von Zahlen nahezubringen (wo das doch Computer viel besser und viel schneller können!), Sie hatten dazu vielfältige Anregungen aus Fachbeiträgen entnommen, entsprechende Vorbereitungen getroffen, und nun „hört keiner hin". Schule wird erst dann sinnvoll möglich, wenn dafür gewisse Voraussetzungen gegeben sind, Voraussetzungen, die die zwischenmenschliche Kommunikation und Kooperation ermöglichen. Und das gilt auch für „moderne", nun modern werdende Formen des „offenen Unterrichts". Schule hat deshalb nach wie vor auch eine spezifische erzieherische Aufgabe, auch wenn sich die Ziele eines solchen erzieherischen Einwirkens verändert haben, nun vom „ideologischen Ballast" befreit sind. Gestritten wird sicherlich noch darüber, worin dieser spezielle erzieherische Beitrag der Schule zu sehen ist, die auch in Zukunft nicht die Familie ersetzen können wird.

Dieser erzieherische Auftrag wird deutlich, wenn beispielsweise nach der (bayerischen) „Allgemeinen Schulordnung" von 1975 folgende Gesichtspunkte in einem „Wortgutachten" zu berücksichtigen sind:

a) Allgemeines Lernverhalten (kognitive Fähigkeiten): z. B. Auffassen, Betrachten, Vergleichen, Behalten, Abstrahieren, Kombinieren, Verbalisieren, reproduktives und produktives Denken (Problemlösen), Übertragen;

b) Lernbereitschaft: z. B. Einstellung zur Schularbeit, Arbeitshaltung, Anstrengungsbereitschaft, Ausdauer, besondere Interessen;

c) Individual- und Sozialverhalten: z. B. Grundstimmung, Gefühlsleben, Werteinstellungen, Kontaktfähigkeit, Verhalten in der Gruppe;

d) Besonderheiten des Schulverhältnisses: z. B. erschwerende Umstände wie Schul- und Lehrerwechsel, Schichtunterricht;

e) Besonderheiten der körperlichen und gesundheitlichen Verfassung, soweit sie für den Schulerfolg bedeutsam sein können. (zit. nach HANKE; LOHMÖLLER; MANDL, 1980, S. 30)

Sie sehen, die „reine" Wissensvermittlung bzw. deren Ergebnisse kommen hier recht knapp weg, vielmehr soll durch dieses Gutachten deutlich werden, wie (und warum) bestimmte Leistungen erbracht worden sind (oder nicht). Für den Leistungsbereich stehen auch andere Möglichkeiten zur Verfügung (Zensuren). Entfällt diese Möglichkeit, muß im Wortgutachten natürlich auch dieser Bereich stärkere Beachtung finden.

Die Frage „Wer ist wer" bezieht sich jedoch nicht ausschließlich auf die zu Beurteilenden. Auch der Beurteiler selbst sollte sich sehr genau darüber im klaren sein, „wer er ist". Es soll in diesem Zusammenhang nur auf ein paar Phänomene aufmerksam gemacht werden, die mit Beurteilungsprozessen unmittelbar in Beziehung stehen. Dazu gehört auch der Beurteilende, seine Persönlichkeitscharakteristika und Eigenheiten. Beurteilungen verschiedener Personen zum gleichen Schüler können sich, das zeigt die Erfahrung, gravierend unterscheiden. Dabei ist nicht so sehr das Vermögen entscheidend, bestimmte Zusammenhänge und Sachverhalte in einem Wortgutachten mehr oder weniger geschickt zu formulieren, auch das spielt natürlich eine Rolle, und wir werden deshalb in einem späteren Abschnitt darauf eingehen. Gemeint sind vielmehr solche Prozesse, die in der Sozialpsychologie mit „Kausalattribuierung" und „Dezentrierungsfähigkeit" beschrieben worden sind (HOFER, 1986). Wichtig sind auch die persönlichkeitstheoretischen Vorstellungen des Beurteilers, Vorstellungen, deren er sich oft nicht einmal bewußt ist, die aber Folgen haben. Aus diesen „impliziten Persönlichkeitstheorien" werden manchmal Schlußfolgerungen abgeleitet, die als „Erwartungen" auch Ihr Verhalten (unbewußt!) dem Schüler gegenüber beeinflussen können. Es ist schon wichtig, welche Ursachen Sie für ein konkret beobachtbares Verhalten eines Kindes „sehen". Wenn einer Ihrer Schüler „aus der Rolle fällt", dann gibt es dafür Ursachen.

Beispiel: Mathematikunterricht, es sollen geometrische Figuren gezeichnet werden, plötzlich bemerken Sie, wie Lars mit dem Lineal den Jens schlägt... Sie sollten sich mindestens 10 Ursachen überlegen, die dafür in Frage kommen!

Am bequemsten ist es, wenn solche Auffälligkeiten mit Hilfe einer „vorgefaßten" Meinung beurteilt werden. Sie selbst werden nicht so vorgehen, doch wir wollen hier dennoch einige der möglichen „Interpretationen" zeigen, die mit speziellen Persönlichkeitstheorien bzw. -vorstellungen in Beziehung stehen:

1. Lars ist ein aggressiver Schüler, unbeherrscht versucht er seine Ziele durchzusetzen, auch bei ihm zu Hause geht es selten „fein" zu, Mutter arbeitslos, Vater debil, er fällt eigentlich, und das ist kein Wunder, immer unangenehm auf...

2. Lars ist einer meiner intelligentesten Schüler, fleißig und aufmerksam, sonst nicht aus der Ruhe zu bringen, da muß ihn doch der Jens bis zur „Weißglut" gereizt haben...

3. Sonst sind die beiden „ein Herz und eine Seele", wie kommt das, daß sie nun aufeinander losgehen; vielleicht hätte ich ihnen die Aufgabe besser erläutern, sie für die Aufgabe besser „aufschließen" sollen...

Natürlich ist es nicht ganz fair, Interpretationsversuche losgelöst von der konkreten Situation vorzunehmen. In den drei „Attribuierungsversuchen" kommen bestimmte Vorstellungen zum Ausdruck, z. B. spielt in der ersten Ursachenzuschreibung das Vererbungsdenken eine maßgebliche Rolle. Ein für einen Lehrer untauglicher Versuch, da er sich dadurch eigentlich selbst überflüssig macht – wenn menschliches Verhalten über Vererbung „weitergereicht" wird, dann ist es kaum vom Lehrer beeinflußbar! Auch extreme Vererbungstheorien (z. B. JENSEN, 1980) lassen einen, wenn auch manchmal bescheidenen „Rest", der nicht durch Vererbung entsteht. Das andere Extrem ist Beispiel 3, alles ist durch Erziehung beeinflußbar, also kommt es nur auf die „richtige" erzieherische Einflußnahme an. (Der „Lehrer ist an allem schuld", leider ist er eben nicht „allein", kann deshalb auch nur in dem ihm gegebenen Rahmen Verantwortung übernehmen.)

Fall 2 entsteht aus individuellen Vorurteilen und aus durch Vorerfahrungen geprägten Erwartungen – auch die müssen nicht immer richtig sein. Untersuchungen aus den USA in den späten sechziger Jahren haben die Wirksamkeit solcher (auch falschen!) Erwartungen von Lehrern mehr oder weniger eindeutig gezeigt – formuliert wurde die These von der „sich selbst erfüllenden Prophezeiung": Wenn der Lehrer ein bestimmtes Bild vom Schüler hat, dann ist es möglich, daß er sein Verhalten diesem Schüler gegenüber dementsprechend „gestaltet", der Schüler zeigt dann oft die vorweggenommenen Reaktionen. Recht anschaulich spricht man vom „Pygmalion-Effekt"; aus den ehemals „schwarzen Schafen" wurden „stolze Schwäne", nachdem die Lehrer (nicht zutreffende!) positive Vorinformationen über diese Schüler erhalten hatten und dann diesen Schülern die entsprechende Zuwendung zuteil werden ließen (ROSENTHAL; JACOBSEN, 1971).

Ein anderes Beispiel, das bereits aus den zwanziger Jahren stammt: Lehrer übersehen (bewußt oder unbewußt?) bei ihren guten Schülern (oder von ihnen als gut angesehenen!) wesentlich mehr Fehler als bei schlechten (SMALE, 1983).

Lehrer als Beurteiler von Schülern befinden sich, und auf diesen Zusammenhang wollen wir auch noch ausdrücklich hinweisen, in einer zwiespältigen Position: Einerseits erfordert sachliches Werten von Schülerleistungen und -verhalten einen gewissen „Abstand" (um beispielsweise das situative „Umfeld", das gesamte Bedingungsgefüge besser berücksichtigen zu können), andererseits muß der Lehrer oft auch unmittelbar reagieren, muß über Wertungen versuchen, seinen erzieherischen Einfluß geltend zu machen. Dadurch wird nicht selten die geforderte Sachlichkeit behindert. Im Gegensatz zu den „professionellen" Diagnostikern, die ihre „Klienten" meist nur in speziellen Einzelsituationen kennenlernen, hat er aber die Möglichkeit, die Kinder in den unterschiedlichsten Anforderungssituationen, die der Unterricht bereithält, zu beobachten. Auch steht ihm ein längerer Zeitraum zur Verfügung, in dem er mit den Kindern vertraut werden kann. Diesen Vorteil muß der Lehrer nutzen, sich aber möglichst von den angedeuteten „Anfechtungen", die mitunter in seiner Person liegen können, freimachen. Bleibt zu fragen, welche Möglichkeiten sich ihm bieten, damit er seinen Aufgaben auf dem Gebiet der Beurteilung und Bewertung der Schüler besser gerecht werden kann.

Kehren wir zur Ausgangsfrage zurück und fassen zusammen, warum Persönlichkeitsbeurteilung und -bewertung erforderlich sind:

1. Persönlichkeitsbewertung und -beurteilung dienen der *Information der am Ausbildungsprozeß beteiligten Personen*, dem (den) Lehrer(n), den Eltern und natürlich dem (den) Schüler(n).

2. Persönlichkeitsbewertung soll über den *bereits erreichten Stand und den Entwicklungsfortschritt Auskunft geben*, um davon ausgehend weitere entwicklungsfördernde Aktivitäten bei den Kindern auslösen zu können.

KAPITEL 2

Was ist was?

– oder: Wie bekommt man Informationen über die Qualitäten anderer Menschen?

Sachlich begründete Informationen, und diese haben wir im vorangegangenen Kapitel gefordert, über Persönlichkeitseigenschaften anderer Menschen zu erhalten, ist einerseits „ganz einfach", andererseits sehr kompliziert. Fangen wir mit den Problemen an. Persönlichkeitseigenschaften sind, wie Psychisches überhaupt, nicht sichtbar, sie sind „im Inneren verborgen". Sie werden allerdings wirksam im Verhalten des Menschen, in der täglichen Auseinandersetzung mit der Umwelt. Das ist sicherlich nicht zu bestreiten. Jedoch zeigt die Erfahrung, daß *gleiches Verhalten* verschiedener Menschen auch auf *verschiedenen Eigenschaften* beruhen kann. Auch der umgekehrte Fall ist denkbar: *gleiche Eigenschaften* (bei verschiedenen Personen) können zu *unterschiedlichem Verhalten* führen. Das liegt einmal daran, daß ja nie eine spezifische Persönlichkeitseigenschaft für sich genommen und isoliert wirkt, sondern immer im Verbund mit anderen Eigenschaften. Auch ist immer die Wirksamkeit der Verhaltensbedingungen zu beachten. In manchen Situationen hat der Mensch gar keine Möglichkeit, sein Verhalten zu „wählen". Soziale Gegebenheiten, die berühmten „Sachzwänge", engen den „Spielraum" für Verhaltensmöglichkeiten oft ein. Nicht jedes Handeln, nicht jede Verhaltensäußerung in einer beliebigen Situation eignet sich also für die Diagnostik der Persönlichkeit. Andererseits, kann man eigentlich von „Eigenschaften" der Persönlichkeit sprechen, wenn sich diese bei jeder Gelegenheit, sprich Situation, ändern? Sind nicht stabile Eigenschaften ein Hilfsmittel, sich auch in veränderten Situationen besser zurecht zu finden? Und sollte man aus diesem Grunde nicht erst dann von (psychischen) Eigenschaften sprechen, wenn sie in gewissem Sinne auch unabhängig von der konkreten Situation sind (KOSSAKOWSKI; LOMPSCHER, 1988)? Sie sehen, der Ansatz, über konkrete Verhaltensäußerungen den Charakteristika einer Persönlichkeit näher zu kommen, ist doch nicht so einfach. Was liegt näher, als die Frage nach der Ausprägung bestimmter psychischer Eigenschaften dadurch zu beantworten, daß man beobachtet, wie sich jemand in einer genau umrissenen Situation verhält. Dabei muß natürlich diese Situation so gestaltet sein, daß in ihr für den einzelnen auch Wahlmöglichkeiten zwischen verschiedenen Verhaltensalternativen möglich sind, Wahlmöglichkeiten, an denen „sich die Geister scheiden". Historisch läßt sich dieser Gedanke bis in das Alte Testament verfolgen:

> „Der Herr aber sprach zu Gideon: Des Volkes ist zu viel, das mit dir ist, ... So laß nun ausrufen vor den Ohren des Volks und sagen: Wer blöde und verzagt ist, der kehre um... Und der Herr sprach zu Gideon: Des Volkes ist noch zu viel. Führe sie hinab ans Wasser, daselbst will ich sie dir prüfen... Und der Herr sprach zu Gideon: Wer mit seiner Zunge Wasser leckt, wie ein Hund leckt, den stelle besonders..." (DIE BIBEL, Berlin, 1955, S. 215, nach einem Hinweis von HOFSTÄTTER, 1972).

Etwa zu Beginn des 20. Jahrhunderts begann BINET damit, bestimmte (geistige) Anforderungen zu formulieren, die ein Schüler eigentlich erfüllen müßte, um als (durchschnittlich) „intelligent" betrachtet zu werden. Hier einige seiner Festlegungen:

7 Jahre: Lücken in Figuren angeben. Seine Finger vorzählen. Einen geschriebenen Satz nachschreiben. Einen Rhombus nachmalen. Fünf Ziffern wiederholen. Ein Bild beschreiben. Dreizehn Geldstücke zählen. Vier Geldstücke mit Namen bezeichnen.

8 Jahre: Ein Stück lesen und daraus zwei Erinnerungen erzählen. Drei 5-Ct.-Stücke und drei 10-Ct.-Stücke zählen und die Summe angeben. Vier Farben nennen. Von 20 bis 0 rückwärts zählen. Zwei Erinnerungsgegenstände vergleichen. Nach Diktat schreiben.

9 Jahre: Das vollständige Tagesdatum angeben. Die Wochentage nennen. Besser definieren als nur den Gebrauchszweck. Ein Stück lesen und

daraus sechs Erinnerungen behalten. Geld auf 1 Fr. herausgeben. Fünf Kästchen nach ihrem Gewicht anordnen. (BINET, 1932, S. 93)

Erfüllt ein Kind im jeweiligen Alter diese Anforderungen, erhält es einen bestimmten „Intelligenzquotienten", hat es das dem „natürlichen" Alter entsprechende „Intelligenzalter", andernfalls liegt es entweder darunter oder darüber. Nach diesem Konstruktionsprinzip sind auch alle anderen Tests aufgebaut, die eine bestimmte, vom Gedankengut der naturwissenschaftlich orientierten experimentellen Psychologie herrührende „Richtung" der Psychodiagnostik repräsentieren, die mit „nomothetisch" bezeichnet wird. Es wird dabei von der (durchaus umstrittenen) Position ausgegangen, der „Mensch ist meßbar" (zu machen), zumindest einige seiner „Teile". Für jede Messung wird aber ein Maßstab benötigt. Diesen Maßstab gewinnt man, indem solche Anforderungen in Form von Aufgaben zusammengestellt werden, die vom „Durchschnitt" einer Zielgruppe, für die der Test entwickelt wird, erfüllt/gelöst werden. Es werden dementsprechend *Normen* für den Test bestimmt, meist, indem dieser Test an einer (repräsentativen) Teilgruppe ausprobiert wird. Man spricht deshalb auch von *„normorientierten" Tests*. Bei der Anwendung dieses Testes wird nun jede Person an diesen Normen „gewogen". Erfüllt sie die Anforderungen, liegt sie im Durchschnitt (IQ = 100), löst sie mehr Aufgaben als diesen Durchschnitt, ist sie „intelligenter" (als der „normale") usw. Eigentlich ein bestechender Gedanke! Wo liegt dann das Problem? Nicht ohne Hintergedanken haben wir hier BINETs Normen zitiert! Wenn Sie Ihre Schüler an den angegebenen Anforderungen „messen", dann werden Sie unschwer feststellen, daß Ihre Kinder in der Regel wesentlich „intelligenter" sind als die vor 80 Jahren. Die Ursache dafür liegt in der noch nicht ausreichenden Bestimmung dessen, was mit solchen normorientierten Tests eigentlich erfaßt wird, ja, was ist das eigentlich, die „Intelligenz"? Spötter kamen zu der Auffassung, „Intelligenz ist das, was Intelligenztests messen". Betrachtet man BINETs Anforderungen genauer, so entpuppen sich viele dieser Aufgaben als lösbar, wenn man über bestimmte Kenntnisse verfügt, Kenntnisse, die gerade auch durch die Schule vermittelt werden (sollen). Da sich aber die Vorstellungen darüber verändern, was in der Schule, im jeweiligen Fach vermittelt werden kann und soll (Lehrpläne), ändert sich entsprechend neu entstehender Voraussetzungen und Bedingungen die „Lösbarkeit" solcher Testaufgaben, vor allem dann, wenn diese vordergründig auf Kenntnissen beruht. Auf dieser Grundlage konstruierte Tests müssen deshalb in mehr oder weniger großen Abständen „revidiert" werden, d. h., es werden neue Aufgaben in den Test aufgenommen, andere weggelassen und neue Normen bestimmt. Übrigens, den BI-

NETschen Test gibt es „im Prinzip" immer noch, die angesprochenen Revisionen werden von der Stanford-Universität „gepflegt" (KARMEL; KARMEL, 1978). Aus dem gleichen Grund sind auch „interkulturelle" Vergleiche (Vergleiche zwischen verschiedenen Nationen hinsichtlich ihres „Intelligenzpotentials") dann fragwürdig, wenn sie mit Tests durchgeführt werden, die „bildungsabhängig" sind. Hinzu kommt die Erkenntnis, daß Intelligenztests bis zu einem gewissen Grade trainierbar sind (ANASTASI, 1976). Die gewissermaßen *„soziale Bezugsnorm"* (KLAUER, 1987) erweist sich aus diesem Grunde als wenig tragfähig für die Lösung diagnostischer Probleme in der Schule. Die Frage ist, ob es andere Wege gibt, den für eine Messung erforderlichen Maßstab zu gewinnen. Als ein solcher Ansatz kann die Suche nach *„sachbezogenen Normen"* (KLAUER, 1987) gelten. Die Normen werden nun nicht mehr durch den Vergleich der Lösungen verschiedener Personen gewonnen, sondern durch die Analyse der in den verschiedenen Aufgaben steckenden Anforderungen an „intelligentes" Verhalten. Dieser Ansatz bezieht sich jedoch nicht nur vordergründig auf die Ermittlung der Intelligenz, vor allem auch Schulleistungen lassen sich damit wesentlich günstiger untersuchen. Die für dieses *„kriterienorientierte Testen"* notwendigen Maßstäbe lassen sich aus den Lehrplanforderungen eines Faches ableiten (wenn auch mitunter mit Schwierigkeiten und nicht in allen Fächern problemlos).

Die Probleme entstehen vor allem dadurch, daß in den Aufgaben (insgesamt und im einzelnen) der unterschiedliche Grad an die Annäherung an das Lehrziel zum Ausdruck kommen sollte. Nicht jede Aufgabe repräsentiert das formulierte Lehrplanziel in seiner Gesamtheit, sie muß jedoch einen spezifischen Beitrag leisten. Pädagogisch wichtig wird aber eine weitere Frage, wann nämlich ein Lehrziel als erfüllt zu betrachten ist, welche Maßstäbe oder Kriterien dafür anzulegen sind:

> „Zum einen bedeutet „Kriterium" nichts anderes als eine genau definierte Verhaltensweise..., zum anderen meint man damit einen bestimmten Ausprägungsgrad dieser Verhaltensweise (z. B. von 10 vorgegebenen Zahlengleichungen mindestens 7 korrekt zu lösen). Das Kriterium wird in diesem Fall als Entscheidungspunkt für die Lehrzielerreichung betrachtet." (BÜSCHER, 1984, S. 101)

Offensichtlich, und darin besteht die Schwierigkeit, lassen sich aus (Rahmen-) Lehrplänen durchaus unterschiedliche Lehrziele ableiten, auch hinsichtlich der „Qualität". Für manche Ziele ist eine bestimmte „Bandbreite" tolerierbar (BÜSCHER, 1984, S. 101) – auch hinsichtlich des Zeitpunktes, manches läßt sich nachholen. Für andere Ziele gilt dies nicht, vor allem dann, wenn die

Ziele in einem bestimmten Fach aufeinander aufbauen, ein Weiterlernen also sehr erschwert werden würde. Auch dieser Ansatz in der Psychodiagnostik ist, so wird an den kurzen Ausführungen deutlich, nicht ohne praktische und theoretische Probleme.

Ein dritter Ansatz muß im Zusammenhang mit der „nomothetischen" Richtung erwähnt werden. Er ist relativ neu, also der „modernste". Neben den sozial- und sachbezogenen Normen kann man die Normen auch aus dem Individuum selbst gewinnen (*individuelle Norm* – KLAUER, 1987). Untersucht wird dabei im Prinzip die Veränderung zwischen einer bereits früher erbrachten Leistung und einer aktuellen. Dies kommt dem Ansatz von GUTHKE (1978) zur Lernfähigkeitsdiagnostik nahe, bei dem die Veränderbarkeit einer Leistung unter dem Einfluß einer Unterweisung („Test mit Pädagogisierungsphase") untersucht wird.

Sollten Sie, trotz der geschilderten Probleme, auf einen vorhandenen Test zurückgreifen, dann beachten Sie bei der Auswahl besonders folgende Punkte:

1. Der Test sollte für einen Einsatz in der ganzen Klasse geeignet sein („Gruppentest") – sonst müßten Sie jeden (interessierenden) Schüler einzeln untersuchen, was enorme zeitliche Probleme schaffen kann.

2. Standardisierte Tests sind an bestimmte Einsatzbedingungen gebunden; nur wenn Sie diese einhalten, sind die angegebenen Normen anwendbar. Die Standardisierung des Tests sollte relativ „neu" sein.

3. Die Testdauer sollte 45 Minuten nicht überschreiten. (Dabei ist die „Instruktionsphase" einzurechnen.) Die Bearbeitung eines Tests ist angestrengte geistige Arbeit, Kinder in der Grundschule sollten hier nicht überfordert werden.

4. Achten Sie darauf, daß für den Test bestimmte Eigenschaften (im „Testhandbuch") ausgewiesen sind, vor allem Werte für die sogenannte Meßgenauigkeit (oder „Reliabilität") angegeben werden. (Ein „guter" Test liegt hier im Bereich von 0,8 bis 1,0.) Noch wichtiger sind die Angaben zur Gültigkeit („Validität"); sie erfolgen oft in sehr unterschiedlicher Weise. Bemerkungen wie „die Gültigkeit ist als gegeben anzusehen", sollten Sie nicht ohne weiteres Glauben schenken.

Diesem „nomothetischen" Ansatz gewissermaßen entgegengesetzt ist der *„ideographische"*. Er geht davon aus, daß alle menschlichen Individuen verschieden sind und die Charakteristik der Persönlichkeit über die *Beschreibung* gerade auch dieser Unterschiede möglich wird. Dies erfordert natürlich ein umfangreiches begriffliches Instrumentarium, mit dem auch „feine" Unterschiede erfaßt werden können. Doch manchmal kompliziert sich gerade dadurch das Problem der Persönlichkeitsbeschreibung, nämlich dann, wenn dabei Begriffe verwendet werden, die unterschiedlich interpretierbar sind. Was ist eigentlich mit dem Satz

> „Peter ist einsichtig..."

wirklich gemeint? Verbinden damit verschiedene Leser nicht mitunter ganz unterschiedliche Vorstellungen? Muß nicht auch gesagt werden, worauf sich diese „Einsicht" bezieht? Die vielfältig angebotenen „Begriffskataloge" (z. B. RUDDIES, 1974) zur Persönlichkeitsbeschreibung machen dies deutlich. Solche Urteile korrespondieren mit einer entsprechenden diagnostischen Strategie,

> „... bei der der Diagnostiker auf der Grundlage seines Wissens über soziologische, psychologische oder auch beispielsweise pädagogische Zusammenhänge, seiner Erfahrung im Beruf und seiner Intuition zu einem Urteil gelangt, ohne daß er aber explizit Regeln anwendet, aus denen zu entnehmen ist, wie einzelne Daten zu gewichten und zu einem Urteil zu verdichten sind". (JÄGER; MATTENKLOTT, 1983)

Hier wird noch einmal ausdrücklich auf die Person des Diagnostikers hingewiesen, und nicht zuletzt deshalb sind wir schon im vorangegangenen Kapitel auf dieses Problem eingegangen. Was bleibt, ist vielleicht wiederum die Suche nach einem gesunden Kompromiß zwischen beiden Standpunkten; Sie sollten sich die Frage stellen, welche Möglichkeiten Sie selbst haben.

Eine solche Möglichkeit im Rahmen des „testtheoretischen Denkens" besteht darin, daß Sie sich sogenannter *„informeller Tests"* bedienen, d. h., daß Sie sich einen Test „selbst stricken". Solche Tests sind

> „... hinsichtlich Inhalt und Normen auf Kleingruppen, meistens auf eine einzige Schulklasse bezogen. Das bedeutet, daß der Testinhalt durch das bestimmt wird, was in dieser Klasse tatsächlich behandelt wurde oder in nächster Zukunft behandelt werden soll". (SÜLLWOLD, 1983)

Damit wird die ermittelte „Schulleistung" maßgeblich durch Ihre Anforderungen determiniert, die Sie in der jeweiligen Klasse für möglich halten, und davon, wie Sie die (neuen) Lehrplanforderungen interpretieren. Aber auch solche Vorgehensweisen, vielleicht sollte des besseren Verständnisses wegen von „Klassenarbeiten" gesprochen werden, haben ihre Mängel. Diese liegen vor allem darin, daß sie auch bei gründlicher Fehleranalyse kaum noch beeinflußt werden können, da diese Tests/Klassenarbeiten meist **nach** bestimmten, oft abgeschlossenen Unterrichtsabschnitten eingesetzt werden. Es gilt also, bereits im Unterrichtsverlauf selbst auf diese Dinge zu achten, um bestimmte Probleme zu erkennen und gezielt zu beeinflussen.

KAPITEL 3

Was und wie?

– oder: Was kann der Lehrer wie tun, um zu Informationen über seine Schüler zu gelangen?

In den ersten zwei Kapiteln haben wir uns mehr mit den allgemeinen und theoretischen Problemen der Menschenerkenntnis beschäftigt. Die bisher geäußerten Positionen gelten mehr oder weniger für alle Bereiche, in denen Psychodiagnostik gefordert ist. Bei den einzelnen vorgestellten Strategien wurde jedoch teilweise schon durch Beispiele der Bezug zur Schule und zur psychodiagnostischen Tätigkeit des Lehrers verdeutlicht. Auch die psychodiagnostische Tätigkeit des Lehrers ist Psychodiagnostik, also unterliegt sie den gleichen, zumindest vergleichbaren Prinzipien wie die „professionelle" Psychodiagnostik. Folgende Grundsätze seien noch einmal speziell für den Lehrer hervorgehoben.

Die psychodiagnostische Tätigkeit des Lehrers hat einen

– *Personenbezug*. Wenn Sie fragen, wie Katrin, Marko usw. ist, dann handelt es sich natürlich um ganz konkrete Individuen, um Personen. Diese leben in einer ganz spezifischen „Welt", mit bestimmten anderen Personen in einer konkreten „Zeit". Psychodiagnostik bekommt erst dadurch ihren Sinn, weil sie sich mit konkreten Personen beschäftigt. Dieser Bezug bedeutet auch, daß (unwillkürlich) Vergleiche angestellt werden. (Marko ist anders als Katrin, nicht unbedingt immer gleich „besser" oder „schlechter", was durch Zensierungen im schulischen Bereich meist sofort „mitgedacht" wird.)

Psychodiagnostische Tätigkeit des Lehrers ist anforderungsbezogen. Sie hat einen

– *Sachbezug*. Es ist ungeheuer kompliziert, „den Menschen" (als Ganzes) zu erkennen. Seine Psyche, seine Persönlichkeitsqualitäten liegen „im Inneren". Doch wenn er bestimmte Anforderungen zu bewältigen, gestellte Aufgaben zu lösen hat, gelingt es (manchmal), spezifische Seiten seiner Persönlichkeit sichtbar zu machen. Die Anforderungen an die Schüler liegen in groben Umrissen fest. Es ist nun zu fragen, ob und wie jeder einzelne Schüler die (jeweiligen) Anforderungen bewältigt, sich ihnen stellt, wie er mit diesen „umgeht", welche Erfolge er dabei erzielt.

Psychodiagnostische Tätigkeit des Lehrers sollte aber immer stärker einen

– *individuellen Bezug* erhalten. Dabei geht es um das Sichtbarmachen von Veränderungen beim einzelnen Schüler, die Frage zu beantworten, wie ist der Schüler jetzt im Vergleich zu früher, was hat sich (wie) verändert, welcher „Zuwachs" hat sich aufgrund welcher Ursachen vollzogen.

Unschwer werden Sie in diesen Grundsätzen die im vorangegangenen Abschnitt beschriebenen testtheoretischen Ansätze wiedererkennen. Hier geht es nun darum, wie die dort behaupteten Vorzüge der Stellung des Lehrers zur Geltung gebracht werden können, damit er den im ersten Abschnitt bestimmten Aufgaben gerecht werden kann. Es geht also jetzt um die spezifischen Methoden, mit deren Hilfe bzw. auf deren Grundlage Beurteilung und Bewertung überhaupt erst möglich werden. Eins ist ganz klar, es gibt nicht d i e Methode, nicht den „Königsweg", schon gar nicht eine Methode, die a l l e n drei genannten Grundsätzen gleichzeitig gerecht wird. Der Weg zu einer sachgerechten und pädagogischen Beurteilung kann nur nach der „Bausteinchen-Methode" beschritten werden. Viele, im Laufe eines Schuljahres gesammelte Erfahrungen und Beobachtungen sind zu einem Gesamtbild zusammenzufügen. „Ohne Fleiß kein Preis" sagt der Volksmund. Wie viele Lehrer haben schon am Ende des Schuljahres über den Zeugnissen bestimmter Schüler gegrübelt, vor allem solcher Schüler, die nicht oft die unmittelbare Aufmerksamkeit des Lehrers beanspruchen, Schüler, die nicht „auffallen"? Nicht selten ertappen sich die Lehrer dabei, daß sich bestimmte Formulierungen bei diesen Schülern immer ähnlicher werden. In diesen Fällen versagt meist auch das Gedächtnis. Hier liegt ein Ansatzpunkt der angebotenen Hilfen. Natürlich handelt es sich dabei um Angebote, um Empfehlungen, die im Einzelfall zu prüfen sind. Nicht alles „paßt" für den einzelnen

Lehrer. Sie müssen also selbst Ihren Weg finden, niemand kann und sollte Ihnen dabei Vorschriften machen. Die Angebote beziehen sich meist auf die Fixierung der Ergebnisse, die in der Regel mit Hilfe der *Beobachtung* in den verschiedensten Situationen gewonnen worden sind. Im Terminus „Situation" können sich auch andere, in den Sozialwissenschaften übliche Methoden verbergen. Beispielsweise kann auch das persönliche Gespräch einschließlich seiner Ergebnisse „beobachtet" werden – in der wissenschaftlichen Terminologie ordnet man ein solches methodisches Vorgehen meist der *Befragung* zu. Darüber soll hier nicht weiter reflektiert werden. Notwendig erscheinen jedoch ein paar Bemerkungen zum Problem der Beobachtung. Häufig werden die damit zusammenhängenden Probleme ein bißchen unterschätzt – jeder, der „sehen" kann, so meint man oft, kann auch „beobachten". Wahrnehmungs- und allgemein-psychologische Untersuchungen zeigen aber, daß gerade auf dem Gebiet der Wahrnehmung große individuelle Unterschiede existieren können. (Nicht selten lebt ein „Krimi" von dieser Tatsache.) Heben wir also hervor:

Beobachtung beruht auf Wahrnehmung.

Menschliche Wahrnehmung ist jedoch immer selektiv: Sie bezieht sich immer auf bestimmte Ausschnitte eines ablaufenden Vorganges, manche „Teile" davon werden deutlicher gesehen, andere „verschwinden im Hintergrund". Diese Selektivität beruht auf folgender Tatsache:

Wahrnehmung ist abhängig von der physiologischen und psychischen Beschaffenheit des Beobachters.

Wenn Beobachtung auf Wahrnehmung beruht, dann hängen ihre Ergebnisse wesentlich von der „Qualität" der Sinnesorgane des Beobachters ab, aber auch von der (aktuellen) Gestimmtheit, der „Form" des Beobachters, seiner psychischen Konstitution. Seine Sinnesorgane kann der Beobachter nur sehr bedingt beeinflussen, schon eher die zweite Seite. Wenn er sich nämlich zwingt, ein Geschehen *bewußt* zu verfolgen, erhöht sich seine Konzentration, möglicherweise stößt er dadurch auf wichtige Hinweise, die sich sonst seiner Aufmerksamkeit entzogen hätten. Das führt uns zu einer ersten wichtigen Schlußfolgerung:

Beobachtungen der Schüler sollten geplant werden.

Damit ist gemeint, daß ich mir als Lehrer von Zeit zu Zeit überlegen sollte, was mir von den einzelnen Kindern bekannt ist, über welche Fakten ich schon verfüge und welche „Schwach-" oder „Leerstellen" noch vorhanden sind. Um diese Lücken zu füllen, nehme ich mir vor, an einem (oder mehreren) Tag(en) besonders den Olaf, die Peggy usw. im Auge zu behalten (Personenbezug), und festzustellen, bei welchen Anforderungen sie sich wie verhalten (Sachbezug – d. h., bei welchen Aufgaben in bestimmten Fächern im Unterricht, aber auch außerhalb, in den Pausen, auf dem Schulhof usw.). Eine weitere Möglichkeit, den Einfluß der psychischen Besonderheiten des Beobachters gering zu halten, ist die Beachtung der folgenden Regel:

Trennen Sie strikt die Registrierung von Tatsachen von der (Be-)Wertung des Sachverhalts!

Für die „Bausteinchensammlung" kommt es darauf an, möglichst wertungsfrei reale Tatsachen zu erfassen und zu speichern. Eine Wertung erfolgt dann in der Zusammenschau möglichst vieler Einzelheiten. Hier zeigt sich dann erst, ob das Verhalten eines Kindes möglicherweise zufällig aufgetreten ist oder ob es bereits auf ausgeprägten und damit verfestigten Eigenschaftsstrukturen beruht. Vielleicht haben auch besondere situative Konstellationen dieses Verhalten bewirkt. Natürlich enthebt Sie das nicht der Verpflichtung, wertend in das Geschehen einzugreifen, bestimmte Verhaltensweisen eines Schülers durch Lob zu bekräftigen, manchmal auch zu versuchen, tadelnd Verhaltensweisen einzudämmen. Nur dürfen solche Wertungen Ihre Beobachtungen und deren Ergebnisse nicht beeinträchtigen! Das ist sicherlich leichter gesagt als getan. Auch wenn bestimmte Ereignisse (Tatsachen) erst später aufgezeichnet werden, kann durch die erfolgte Wertung (und die folgende Reaktion des Kindes!) der „Blick" im nachhinein getrübt sein. Gerade bei vorgenommenen Wertungen wirken sich bestimmte Persönlichkeitsstrukturen des Wertenden nicht selten störend aus. So ist bekannt, daß in Abhängigkeit von spezifischen Persönlichkeitseigenschaften bestimmte „Bewertungseffekte" entstehen können, deren man sich selbst bewußt werden sollte. „Testen" Sie deshalb, ob möglicherweise folgende Beurteilungstendenzen bei Ihnen wirksam sein könnten (Nach LANGER; LANGER; THEIMER, 1983):

1. *Milde-Effekt*
   Solche Bewerter sehen einen zu beurteilenden Sachverhalt, einen Schüler im „günstigeren" Licht, als es andere tun, aber auch als es vom Sachverhalt her eigentlich zulässig ist, sie „entschuldigen" vieles (s. Kapitel 1, „implizite Persönlichkeitstheorien").

2. *Strenge-Effekt*
   Er ist der „Gegenspieler" vom Milde-Effekt; diese Beurteiler bewerten alles „härter", als es eigentlich ist bzw. als es andere Bewerter sehen.

3. *Extrem-Scheu*
   Diese Beurteiler suchen den „goldenen Mittelweg", versuchen, nirgends „anzuecken" oder „aufzufallen". Demzufolge werden negative Sachverhalte heruntergespielt, positive nivelliert. (Dadurch „befreit" sich dieser Bewerter meist von zusätzlichen Aktivitäten, die bei einer anderen Sichtweise pädagogisch sinnvoll wären.)

4. *Extreme Urteile*
   Das Pendant zur Extrem-Scheu besteht darin, daß Positives noch positiver, Negatives noch negativer gesehen wird, als es eigentlich ist. Solche Wertungen werden meist mit großer Emotionalität vorgetragen, weisen aber auch oft auf eine gewisse Instabilität im Verhalten und der Persönlichkeit des Bewerters hin.

Weitere Beurteilungstendenzen oder „Beobachterfehler" sind noch stärker an das vorhandene theoretische „Gerüst" des Lehrers gebunden. Dieses kann den

5. *Logik-Fehler*
   hervorrufen, wenn anhand dieses Gerüstes Schlußfolgerungen gezogen werden, auf die man bei anderen Voraussetzungen nicht gekommen wäre. Meist unbewußt wirkt der sogenannte

6. *„Halo-Effekt"*,
   bei dem bereits vorgenommene Wertungen auf nicht beobachtete, andere Merkmale des Schülers „ausstrahlen", also aus bestimmten Verhaltensbeobachtungen Schlüsse gezogen werden, die eigentlich anhand der Betrachtung des einzelnen Verhaltensaktes nicht gerechtfertigt sind.

Sie wirken diesen Effekten entgegen, indem Sie

– versuchen, nach der oben genannten Regel zu verfahren, aber auch dadurch, daß Sie sich
– mit Kollegen beraten,

wie das Verhalten des Schülers zu bewerten ist. In solchen Gesprächen merken Sie vielleicht am ehesten, ob Sie bestimmten, oben aufgeführten Beurteilungstendenzen unterliegen. Doch Vorsicht, auch die Meinung Ihrer/Ihres Kollegin/Kollegen muß nicht immer „richtig" sein. Vielleicht haben Sie sich einen Partner gesucht, der von der Persönlichkeitsstruktur zu Ihnen „paßt", der dann mit hoher Wahrscheinlichkeit Sie noch bestärkt. Suchen Sie sich also einen Gesprächspartner, von dem Sie meinen, daß er nicht in allem mit Ihnen übereinstimmt! Nur so werden Sie mit ziemlicher Sicherheit Anregungen erhalten, die Nachdenken bewirken, so daß Ihre (selbst-)kritische Sicht gefördert wird.

Beobachtungsergebnisse sind in geeigneter Form zu speichern.

Diese Regel ist noch allgemeiner gehalten als die vorherigen. Hier müssen Sie selbst den für Sie optimalen Weg finden. Ob es sich um ein „pädagogisches Tagebuch" oder um eine „Lose-Blatt-Sammlung" handelt, obliegt Ihrer Entscheidung. Auch wie Sie Ihre Beobachtungen festhalten, als ausführliche(re) Beschreibungen oder stichpunktartig, möglicherweise mit einem von Ihnen entwickelten System von Abkürzungen, bleibt Ihnen überlassen. S i e müssen letztlich damit umgehen können! Wichtig vor allem ist eins, d a ß Sie solche Aufzeichnungen vornehmen!

> „Es ist ratsam, das Buch, den Hefter oder die Karteikarte alphabetisch anzulegen und die Notizen über jeweils ein Kind hintereinanderzusetzen, statt tagebuchartig von Tag zu Tag Ihre Notizen über alle Kinder hintereinander zu schreiben." (BARTNITZK; CHRISTIANI, 1987, S. 46)

Nutzen Sie dafür bestimmte Mußestunden (am Nachmittag, bei einer Tasse Kaffee!), lassen Sie die Ereignisse in der Schule Revue passieren und halten Sie das Besondere fest, was Ihnen im Gedächtnis haften geblieben ist! Achten Sie darauf, daß solche Aufzeichnungen nicht zu einem „Mängelkatalog" oder „Sündenregister" ausarten. Auch das *Positive* (und vor allem dies!) verdient es, festgehalten zu werden. Auf diese Art und Weise erhalten Sie für sehr viele Schüler eine Fülle von Informationen, die Sie später in die Lage versetzen, auf relativ sicherer Grundlage Ihre Beurteilung vorzunehmen. Solche Aufzeichnungen können, wie bisher vorgeschlagen, *schüler-*, also *personenbezogen* vorgenommen werden. Allerdings ist eine gewisse Gefahr, daß durch ein solches Vorgehen immer noch zu sehr der Zufall die Oberhand gewinnt, nicht ausgeräumt. BARTNITZKY; CHRISTIANI (1987) empfehlen einen Beobachtungsbogen (s. Seite 30/31), dessen Zielkategorien sich vorrangig an Größen orientieren, die im Wortgutachten zu beachten sind.

(BARTNITZKY; CHRISTIANI, 1987, S. 63)

Ähnlich aufgebaut sind die von den gleichen Autoren vorgeschlagenen *Lernbegleitbögen*. Diese sind nun mehr *sachbezogen*, auf bestimmte Fächer und deren Anforderungen gerichtet. Beispielsweise wird für die Disziplin „Rechtschreiben" folgendes Schema gezeigt:

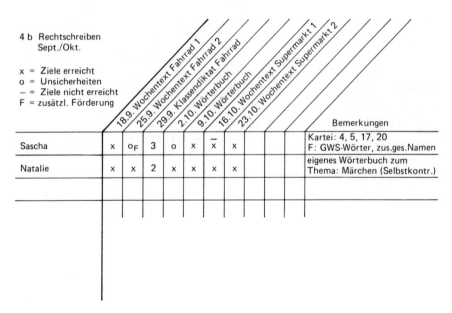

(BARTNITZKY; CHRISTIANI, 1987, S. 102)

Weitere Beispiele, die geeignet sind, konkrete Sachverhalte sehr detailliert zu registrieren, finden Sie in LANGER; LANGER; THEIMER (1983). Diese richten sich vor allem auf den einzelnen Schüler:

Beispiel für ein Beobachtungsblatt:

Name: *Michael S.*	Klasse/Gruppe: *3a*
Fach: *Heimat u. Sachkunde*	
Beobachtungsaspekt: *Zusammenarbeit*	
Beobachtungssituation: *Gruppenarbeit*	
Beobachtungsdatum: *27.4.82*	
Beobachtungsnummer: *24*	

Zeit:	Verhalten, in welcher Situation, Ereignisse, Besonderheiten vor dem Auftritt
8.20	*macht Vorschlag für den Versuchsaufbau*
8.23	*hilft Klaus beim Aufschreiben*

(LANGER; LANGER; THEIMER, 1983, S. 22)

Ein solch differenziertes Vorgehen mag zwar wünschenswert erscheinen, jedoch kommen Zweifel auf, wie das im Unterricht zu realisieren ist – man kann als Lehrer ja nicht nur beobachten und registrieren! Am ehesten geht es vielleicht in sogenannten *Stillarbeitsphasen*, wo auch die Möglichkeit besteht, das Ausdrucksverhalten, die Mimik und Gestik des Kindes mit zu erfassen. Vor nachträglichen Gedächtnisprotokollierungen möchten wir jedoch warnen. Weitere Zugangsmöglichkeiten zur Individualität des Schülers bieten sich bei solchen Anforderungen, die gewissermaßen nicht dem Zwang einer Normierung unterliegen (wie Rechtschreiben, Mathematik). Zeichnungen, Aufsätze der Schüler daraufhin zu analysieren, ist zwar oft sehr schwierig, aber lohnenswert. Hier kommt es darauf an, sich in die Gedankenwelt des Kindes hineinzuversetzen, zu fragen, was könnte Susi sich vorgestellt haben, wenn sie etwas so und nicht anders darstellt. Das setzt vom Lehrer die Fähigkeit voraus, sich auch von seinen eigenen Vorstellungen lösen zu können, sich vorzustellen, auf welchen Erfahrungen und Erlebnissen ein konkretes Ergebnis beruhen könnte *(Dezentrierungsfähigkeit)*.

Dieser *individuelle Bezug* kann bei den ersten beiden Ansätzen dadurch berücksichtigt werden, daß man die zeitliche Dimension einbezieht. Bei der *sachbezogenen Analyse* ist dies oft nicht einfach, weil sich mit der Zeit die Anforderungen ändern, bei steigenden Anforderungen ist ein „Schritthalten" auch schon Veränderung. Wenn Sie *personenbezogen* bestimmte Verhaltensmerkmale erfaßt haben und nun neue Beobachtungsergebnisse in Ihrem „Archiv" ergänzen, dann bedienen Sie sich des folgenden „Tricks": Decken Sie die bereits vorgenommenen Eintragungen ab, d. h., lassen Sie sich nicht durch die vorhandenen Informationen „vororientieren". Nur so werden Sie zu einem differenzierteren Bild des Kindes gelangen, wobei eine relative Vollständigkeit solcher Eintragungen notwendig ist.

Fassen wir die *diagnostischen Arbeitsschritte*, auf deren Grundlage Sie Ihre Beurteilung des Schülers vornehmen können, zusammen:

1. *Bestimmen Sie die Anforderungen, die an die Schüler zu stellen sind* (Anforderungen, die aus den Lehrinhalten folgen, Anforderungen, die an das Arbeits- und Sozialverhalten der Schüler zu stellen sind).

2. *Beobachten und registrieren Sie das Verhalten der Schüler*, prüfen Sie, welche Leistungsanforderungen der Schüler wann und wie bewältigt.

3. *Beschreiben und bewerten Sie Verhalten und Leistungen* Ihrer Schüler kontinuierlich, und prüfen Sie, welche der bereits vorliegenden Urteile noch gültig sind.

4. *Fassen Sie alle vorliegenden Informationen zusammen.* Beachten Sie dabei auch weitere Bedingungen des Kindes, von denen Sie in Gesprächen mit Eltern und anderen Bezugspersonen erfahren haben.

KAPITEL 4

Wann und wie

– sage ich es meinem Kinde?

Ermittlungsprozesse, die im vorangegangenen Abschnitt behandelt worden sind, bilden die Grundlage für *Bewertungen* – ohne hinreichende „Ermittlungen" sind sachlich begründete Wertungen nicht möglich. Andererseits kann unter bestimmten Umständen auch auf Wertungen verzichtet werden, nämlich dann, wenn „nur" die Information des Lehrers über bestimmte Entwicklungsfortschritte bei den Schülern interessant und gefordert ist – natürlich wird dies in der Schule der absolute Ausnahmefall bleiben. Schüler haben auch ein Recht darauf, über ihre Ergebnisse informiert zu werden und darüber, wie der Lehrer diese Ergebnisse „sieht", wie er diese bewertet, welche Möglichkeiten sich daraus für den weiteren Fortgang des Geschehens ergeben.

Bei der Frage nach dem ,,w a n n'' von Bewertungen gibt es nur eine kurze und bündige Antwort: *sofort*, oder falls es den Umständen entsprechend nicht möglich sein sollte, *so schnell wie es geht*. Beispielsweise ist es denkbar, daß Sie von einer bemerkenswerten Leistung eines Schülers oder einer „Auffälligkeit" erst später Kenntnis erhalten – von Kollegen, anderen Schülern usw. Manchmal müssen bestimmte erbrachte Leistungen erst in Ruhe geprüft werden (z. B. „Arbeiten"). Doch lassen Sie Ihre Schüler nicht im „Ungewissen", „schmieden Sie das Eisen, solange es (noch) heiß ist". Psychologische Untersuchungen haben gezeigt, daß die Wirksamkeit der Einschätzung erbrachter Leistungen mit wachsendem Zeitabstand stark abnimmt (CORRELL, 1978, S. 149) – die Umstände, unter denen die Leistung entstanden ist, geraten bei den Schülern schnell in Vergessenheit, auch die Inhalte werden durch andere und neue Anforderungen sehr schnell wieder „überdeckt". Diese Aussage bezieht sich auf Ihre Wertungen, die Sie im laufenden Prozeß ständig vornehmen sollten, sie gilt natürlich nicht für Beurteilungen im Zeugnis, da hier der Zeitpunkt festliegt. Doch zu den mit Zeugnisbeurteilungen zusammenhängenden Fragen verweisen wir Sie auf den nächsten Abschnitt.

Beim „Wie" von Bewertungen sollte der Grundsatz gelten:

Bewertungen sind so vorzunehmen, daß sie entwicklungsfördernd wirken, Aktivität bei den Kindern auslösen.

Dieser Satz schreibt sich so leicht hin, doch die Schwierigkeit liegt in der Entscheidung darüber, was für Maria oder Nils denn nun eigentlich tatsächlich „entwicklungsfördernd" ist. Was für Maria „gut" ist, muß es noch lange nicht für Nils sein! Die Wirksamkeit von Bewertungen hängt neben dem bereits erwähnten richtigen Zeitpunkt von vielen weiteren Faktoren ab (s. z. B. CORRELL, 1983), insbesondere *von der Persönlichkeitsstruktur der Kinder*. (Dabei spielt nicht unbedingt das Geschlecht der Kinder die wesentliche Rolle.) Ein Lob wirkt auf das ruhige, bescheidene, „stille" Kind anders als auf ein aktives, immer im Mittelpunkt stehendes. Genauso verhält es sich mit dem Tadel. Menschen, die „übersprudeln", „nach außen gerichtet" sind, vertragen möglicherweise eher einen „Dämpfer" – hier falsch eingesetzte Varianten können dann das Gegenteil bewirken. Psychologische Untersuchungen haben gezeigt, daß „introvertierte" Kinder stärker des Lobes bedürfen als „extravertierte" (THOMPSON; HUNNICUT in: CORRELL, 1983).

Auch die Art und Weise, wie man lobt bzw. tadelt, wann und vor welchem „Publikum", kann ein wichtiger Faktor werden. Ein „Blamieren" vor der ganzen Klasse kann schlimme Folgen haben. Ein überschwengliches Lob für eine eigentlich erwartungsgemäße Leistung kann dagegen zu Überheblichkeit und Arroganz führen, zu dem beruhigenden Gefühl, es ohne (größere) Anstrengungen zu schaffen. Dennoch formulieren wir als Grundregel:

Kinder in der Grundschule sind zu loben.

Untersuchungen in der ehemaligen DDR haben gezeigt, daß in der Schule zu wenig gelobt wurde, auch in den unteren Klassen. Nicht selten war Lob zudem gekoppelt mit Tadel:

„Wie Simone heute mitgearbeitet hat, war vorbildlich, es hat mir sehr gefallen, Christian dagegen hat mal wieder nichts gesagt."

Wie oft hörte man solche „Auswertungen" am Ende einer Stunde! Hinzu kam noch, daß sich viele Lehrer in einem Großteil der Unterrichtsstunden, bedingt durch die sehr einengenden Lehrplanforderungen und die stark dirigistische Unterrichtsführung, überwiegend eines „Kommandostiles" bedienten, um die vorgegebenen Ziele möglichst bei allen Kindern (in der gleichen Zeit) zu erreichen (SCHIMUNEK, 1990). Die „Chance", ein Lob zu erhalten, war dann oft auf einen bestimmten Schülerkreis begrenzt. Gerade aber auch die anderen Schüler, solche, die nicht immer gleich alle gestellten Anforderungen auf Anhieb bewältigen, bedürfen des Ansporns durch ein lobendes Wort. Denn, auch dieser Zusammenhang hat sich immer wieder bestätigt, *Lob fördert die (eigene) Aktivität* der Kinder, und diese Aktivität ist nach wie vor die Grundlage für das Lernen („learning by doing" – HUBER; ROST, 1980, S. 31). Übermäßiges Kommandieren und Tadeln hemmen die Aktivitäten der Schüler. Natürlich müssen manchmal bestimmte „Aktivitäten" der Schüler „gehemmt" werden. Aber, bildlich gesprochen, sollte es beim Umgang mit Lob und Tadel wie mit dem Wetter sein: In der Erziehung sollte Sonnenschein vorherrschen, sollten trübe Tage die Ausnahme bilden, Blitz und Donner sind aber nicht vollkommen auszuschließen!

„Es hat sich herausgestellt, daß Lob am wirksamsten ist, wenn es öffentlich, d. h. vor der ganzen Klasse, an einzelne gegeben wird, während der Tadel dann positiv zu wirken pflegt, wenn er nicht öffentlich, sondern privat an einzelne gerichtet wird." (CORRELL, 1983, S. 82/83)

Wenn Sie über die Wirkung von Lob und Tadel nachdenken, sollten Sie versuchen, sich bewußt zu werden, wie das bei Ihnen war und noch ist! Manche Lehrer werden vielleicht einwenden, daß bei einer solchen Vorgehensweise die Disziplin (im Sinne von „Ruhe und Ordnung") leiden könnte, manche Kinder dann „über Tisch und Bänke" gehen. Psychologische *Untersuchungen zum Problem der Disziplin* haben aber gezeigt, daß diese vor allem abhängig ist von der *Persönlichkeit* des Lehrers, *seinem Auftreten* in der Klasse und nicht so sehr davon, was die Schüler tun! Als entscheidende Merkmale erwiesen sich dabei die *Konsequenz* und die *Geduld* des Lehrers.

Dies erscheint ganz plausibel. Natürlich muß der Lehrer über ein gerüttelt Maß an Geduld verfügen, wenn er (und damit seine Schüler) erfolgreich sein will. Er muß aber auch zu seinem Wort stehen (können). Seien Sie deshalb nicht vorschnell in Ihren Äußerungen. Wenn Ihnen bei Ihren Kindern etwas mißfällt, atmen Sie tief durch und „zählen Sie bis zehn". Affektiven Reaktio-

nen kann man dadurch möglicherweise begegnen. Trainieren Sie das! Es hat sich auch gezeigt, daß durch Tadeln kaum Disziplinschwierigkeiten begegnet werden kann, im Gegenteil: Durch Tadel können sich „die Fronten verhärten"!
Ein weiterer Faktor sind die *angemessenen Forderungen*, die Sie an die Kinder richten:

„... auch bei ständig unterforderten Kindern läßt die Anstrengungsbereitschaft nach" (BARTNITZKY; CHRISTIANI, 1987, S. 15),

eine Aussage, die sich nach unseren Untersuchungen auch auf die Disziplin übertragen läßt. Unterforderte Kinder können dazu neigen, sich andere „Betätigungsfelder" zu suchen.
Das Problem der „richtigen" Wertung ist in der Tat schwierig.

Werten Sie variabel, vermeiden Sie Routine!

Gerade auch bei Wertungen und Beurteilungen ist Originalität gefragt, Ihre Phantasie. Vielleicht haben Sie schon die Erfahrung gemacht, daß bei einigen Kindern „Bewährtes" nicht mehr „anschlägt". Das hängt damit zusammen, daß sich Ihre Kinder mit der Zeit verändern, sich manchmal dagegen sträuben, wie „kleine Kinder" behandelt zu werden. Die Wirksamkeit von Bewertungen hängt u. a. auch ab vom *Anspruchsniveau der Kinder*. Und dies ist wiederum abhängig von *bisherigen Erfolgen oder Mißerfolgen* in der Lerntätigkeit.

Verschaffen Sie Ihren Kindern Möglichkeiten, erfolgreich zu sein (damit Sie positiv werten können)!

Auch hier kann das jeweilige „Erfolgsfeld" beim einzelnen Kind ganz unterschiedlich sein. Auch die Kinder, die bei bestimmten, vor allem geistigen Anforderungen nicht immer gleich erfolgreich sind, brauchen den Erfolg. Durch stärkere Individualisierung im Unterricht müssen wir uns Gedanken machen, wie wir diesen Kindern durch spezifische Aufgabenstellungen zum Erfolg verhelfen. Nur so können wir zu Aktivität anregen, die auch Freude macht. Für die Schule gilt n i c h t : „Humor ist, wenn man trotzdem lacht."

Vermeiden Sie Ironie und Sarkasmus!

Abgesehen davon, daß manche Kinder diese Art von Humor nicht verstehen, kann man damit mehr verletzen als durch ein manchmal laute(re)s Wort.

„Sogar der Martin hat ein schönes Muster geschafft!" (wörtliches „Lob" im Werkunterricht)

Ob Martin gemerkt hat, welche Diskriminierung eigentlich in diesem Lob steckt? Berechtigt gefordert wird deshalb neuerdings von Pädagogen für die Grundschule:

Werten Sie die Sache, nicht die Person! („Grundschule ohne Zensuren", 1985, S. 11).

Das ist kein Widerspruch zu den in Kapitel 3 vertretenen Positionen, nach denen psychodiagnostische Strategien (auch) personenbezogen möglich sind. Hier geht es um die Wertung der Ermittlungsergebnisse. Das ist ein Unterschied. Man kann dadurch eher *beurteilen* und der Gefahr entgehen, zu *verurteilen*!

Auf ein weiteres Problem soll abschließend noch aufmerksam gemacht werden. Nicht selten wurden in der Vergangenheit auch in den unteren Klassen durch den „*Wettbewerb*" bestimmte Bewertungen heraufbeschworen, deren Inhalt eigentlich vorprogrammiert war. Auch hier erfahren zumeist immer wieder die gleichen Schüler Bestätigung, an anderen geht sie vorbei. Eine stärkere Individualisierung besteht dann darin, daß, wenn überhaupt, der Schüler „mit sich selbst im Wettbewerb" stehen sollte (CORRELL, 1983, S. 85). Dies erfordert von Ihnen neue Überlegungen, denen Sie sich stellen sollten, und ein immer gründlicheres Kennenlernen der Kinder. Nur auf diese Weise ist ein erfolgreicher Umgang mit Bewertungen der Kinder möglich. Die Forderung nach entwicklungsfördernder (und damit variabler) Bewertung ist durch Zensuren nicht zu leisten, vor allem nicht in dieser Altersstufe.

Fassen wir zusammen:

1. *Bewertungen (im Unterricht) sind ständiger Bestandteil der pädagogischen Tätigkeit des Lehrers.* Sie sind davon abhängig, welche (individuellen) Anforderungen der Lehrer festlegt.

2. *Bewertungen sollen, damit sie effektiv wirken*, möglichst im unmittelbaren *Anschluß an die zu bewertende Sache* erfolgen und vor allem auf die Sache gerichtet sein.

3. *Wertungen sollen entwicklungsfördernd und aktivitätsauslösend gestaltet sein*; sie sind damit abhängig von der Kenntnis der individuellen Eigenheiten der Kinder.

4. Generell sollten *Kinder für ihre Aktivitäten durch Lob bestärkt werden*, auch wenn sie nicht immer auf Anhieb eine den Erwachsenen genehme Lösung anbieten.

KAPITEL 5

Was und wie

– formuliere ich im Zeugnis?

Der letzte Schultag rückt immer näher und damit auch der Tag, an dem die Kinder ihre Zeugnisse erhalten. Im ersten Schuljahr wird es keine Zensuren mehr geben – eine Festlegung, die für viele Lehrer eine neue und ungewohnte Anforderung bedeutet. Aber diese neue Anforderung ist auch eine Chance:

> „Soweit der Grundschulunterricht von der Zensierungsauflage befreit ist, kann die individuelle Bewertungsnorm voll zugrunde gelegt werden..." (BARTNITZKY; CHRISTIANI, 1987, S. 80)

Das einzelne Kind kann dadurch tatsächlich wieder in den Mittelpunkt der Bemühungen des Lehrers treten – und nicht irgendwelche zentral vorgegebenen Lehrplaninhalte. Vielleicht waren die bis hierher gegebenen Hinweise schon eine kleine Hilfe. Ohne gründliche Diagnostik keine Bewertung! Ohne Kenntnis der Wirkung von Bewertung ist keine Förderung des Kindes vorstellbar. Die in den vorangegangenen Kapiteln darüber getroffenen Feststellungen gelten auch für die Beurteilung im Zeugnis. Auch Beurteilungen im Zeugnis müssen darüber Auskunft geben, w a s das Kind geleistet hat, wozu es s c h o n fähig ist, und zwar in Abhängigkeit davon, welche *Bedingungen* dafür vorhanden sind. Damit sind wir schon mitten in der Beantwortung des ersten Teiles der eingangs gestellten Frage. Beurteilungen im Zeugnis müssen aufzeigen, welche *Ergebnisse bei den einzelnen Lernbereichen* erzielt worden sind. Im ersten Schuljahr betrifft das vor allem das *Lesen, Schreiben, Rechnen*. Da Sie diese Bewertung nun nicht mehr anhand der im Klassenbuch verzeichneten Zensuren vornehmen können, sind Ihre kontinuierlichen Aufzeichnungen (Lernbegleitbögen, s. Kap. 4) eigentlich unverzichtbar, um detailliert Auskunft zu geben. Bemerkungen wie „Sigrid kann schon gut lesen" sind allerdings kaum aussagefähig – anstelle dieses Satzes hätten Sie auch bei der Zensur „2" bleiben können. Doch vom damit angesprochenen zweiten Teil der oben aufgeworfenen Frage wird später noch die Rede sein. Neben diesen Hauptfeldern sind natürlich auch die Leistungen in anderen Bereichen festzuhalten – vielleicht ergibt sich gerade dadurch die Möglichkeit, den besonderen Interessen, Neigungen und Befähigungen Raum zu geben, an den Stärken der Schüler anzuknüpfen, um dadurch Mut zu machen. Neben diesem Leistungsbereich sollte in dem Wortgutachten des Zeugnisses *Auskunft über weitere wesentliche Bereiche der Entwicklung des Schülers* gegeben werden. In Anlehnung an das Zitat in Kapitel 1 könnten und müßten das die folgenden sein:

– das *Lernverhalten*, also die Art und Weise, wie das Kind zu den bereits geschilderten Ergebnissen gelangt, wie bestimmte geistige Fähigkeiten ausgeprägt sind (und zur Lösung bestimmter Aufgaben eingesetzt werden), wodurch die Lernbereitschaft bzw. Lerneinstellung ausgezeichnet ist (dazu gehört z. B. die Anstrengungsbereitschaft, die Ausdauer, die Mitarbeit im Unterricht, der Fleiß [beim Anfertigen von Hausaufgaben], auch die besonderen Interessen);

– das *Sozialverhalten*, die Art und Weise des Zusammenlebens mit den Klassenkameraden, mit den Erwachsenen; hierzu zählen Aussagen zur Kontaktbereitschaft und -fähigkeit und damit auch zur Kooperationsfähigkeit, zur Hilfsbereitschaft den Mitschülern und der Klassengruppe insgesamt gegenüber, d. h. zur Übernahme bestimmter Aufgaben im Interesse der ganzen Klasse;

– die *individuellen Besonderheiten* des Kindes, d. h. Aussagen zur körperlichen und gesundheitlichen Verfassung (sofern diese für die ersten genannten Bereiche von Belang sind – im Sinne von Bedingungen), auch solche zu emotionalen Befindlichkeiten, bestimmten Gefühlen, überwiegenden Stimmungen wie freundlich usw.

„Ausgerüstet" mit diesem Katalog und auf der Grundlage des gesammelten Materials versucht man jetzt, die Kinder zu beschreiben und durch das Gutachten zu bewerten. Dabei sind Funktion und Wirkung immer im Auge zu behalten. Mit der Funktion der Beurteilung (und damit des ersten Zeugnisses) entsteht schon hinsichtlich der Formulierung eine erste Schwierigkeit: Das Zeugnis richtet sich an *Eltern und Schüler*. Manches, was in der Sprache der Erwachsenenwelt „üblich" ist und daher meist entsprechend verstanden wird, ist für Kinder (noch) nicht faßbar. Abzulehnen sind Praktiken, vorhandene Gegebenheiten durch bestimmte Standardverklausulierungen zu beschreiben, die „Eingeweihten" den wahren Sachverhalt enthüllen (s. KONZ, 1990). Einige bei KONZ aufgeführten Beispiele finden sich nicht selten auch in Schulzeugnisformulierungen, z. B.:

„Das steht im Zeugnis: und so ist es gemeint:
,, ,,
,, ,,
,, ,,

Sie (er) *bemühte* sich, den Anfor- Sie (er) hat *versagt*.
derungen gerecht zu werden."

(KONZ, 1990, S. 287)

Beim näheren Hinsehen entpuppt sich dieser Satz in einem Zeugnis nicht einmal als „Schwindel" – die *Bemühungen* können tatsächlich vorhanden sein, sie führten eben nur nicht zum gewünschten Erfolg. Werden in höheren Schuljahren im Zeugnis Zensuren erteilt, dann wird möglicherweise dieser Widerspruch deutlich. Im Zeugnis sollte nicht „um den heißen Brei" herumgeredet werden; offen und ehrlich sollten Lehrer und Eltern aufeinander eingehen; darauf haben Eltern ein Recht.

Aber vielleicht ist ein differenzierteres Herangehen an Eltern und Kinder in Fragen der Beurteilung sinnvoll. BARTNITZKY; CHRISTIANI empfehlen, die Kinder in den Zeugnisinformationsprozeß gezielt einzubeziehen, z. B. durch einen zusätzlichen Brief zum Zeugnis an das Kind:

Lieber Andreas,
Du hast in diesem Jahr gerne in der Klasse gelebt. Mit vielen Ideen hast Du Deinen Gruppenkameraden geholfen und sie erfreut. Manchmal hast Du aber vergessen, daß außer Dir auch noch andere Kinder gute Einfälle haben. Trotzdem hast Du aber einen guten Kontakt zu Deinen Klassenkameraden, denn Du hast es gelernt, daß in unserer Klasse jeder Rücksicht auf den anderen nehmen muß, wenn wir miteinander lernen wollen..."
(BARTNITZKY; CHRISTIANI, 1987, S. 135)

Dadurch bietet sich die Möglichkeit, das einzelne Kind viel direkter und persönlicher anzusprechen, als es in einem, immerhin „amtlichen" Dokument möglich oder angemessen erscheint. Hier können Sie mit *kindgemäße-*

(re)n Formulierungen arbeiten, auf das Kind eingehen, ihm Ihre (möglicherweise notwendige) Hilfe anbieten. Dies kann dazu beitragen, günstige Voraussetzungen für das Weiterlernen im nächsten Schuljahr zu schaffen.

Für die *Formulierungen im Zeugnis ist besondere Sorgfalt geboten*, denn bei gravierenden Unstimmigkeiten können nun Rechtsstreitigkeiten nicht mehr ausgeschlossen werden. Das ist besonders wichtig bei Zeugnissen, die für die weitere Schullaufbahn bedeutsam sind.

Formulierungen im Zeugnis müssen sachlich und begründbar sein.

Bestimmte Formulierungen können bei einigen Eltern zu Irritationen führen, wenn keine Zensuren erteilt werden. („Bisher gab es keine Klagen, auch Lob, und jetzt steht hier dies!") Nun müssen Sie in der Lage sein, Fakten auf den Tisch zu legen. Jetzt haben Sie „gute Karten", wenn Ihre Unterlagen aussagekräftig sind!

Es ist nur das zu beschreiben und zu beurteilen, was mit der Schule zu tun hat.

Wenn auch die Schule für das Grundschulkind ein wesentlicher Lebensraum ist, so gibt es dennoch andere, über die der Lehrer meist nur etwas durch Dritte, vom „Hörensagen", erfahren kann, und solche Angaben sind mitunter kaum als verläßlich anzusehen.

In den ersten Schuljahren sollte man sich in der Zeugnisbeurteilung auf Beschreibungen beschränken.

In der Psychodiagnostik „tastet" man sich durch verschiedene Stufen der Beschreibung an die Charakteristik der Persönlichkeit heran. Nach GRAUMANN (1960) unterscheidet man zwischen dem

– verbalen,
– adverbialen,
– adjektivistischen und
– substantivistischen Beschreibungsmodus.

Verbal bringt das „Was", die anderen Arten in differenzierter Form das „Wie" zum Ausdruck. In der substantivistischen Form ist das „Wie" zu einer festen Größe geworden: die Ehrlichkeit, die Aggressivität usw. Den Unterschied zwischen den Stufen soll ein simples Beispiel verdeutlichen. Es soll formuliert werden:

„Michael *ist* aggressiv."   (adjektivistisch)

Aber der „Druckfehlerteufel" hat uns einen Streich gespielt. Es wurde daraus der Satz:

„Michael *ißt* aggressiv."   (adverbial!)

In der substantivistischen Variante könnte der Satz lauten:

„Michaels *Aggressivität* zeigt sich besonders beim Essen."

Aus der Art und Weise eines konkreten Verhaltens ist nun eine (verfestigte) Persönlichkeitseigenschaft geworden – diese kommt bei konkreten Gelegenheiten besonders zum Ausbruch! In dieser Form bedeutet das aber auch, daß diese Eigenschaft mit Wahrscheinlichkeit auch in anderen Situationen auftritt. Solche Eigenschaftszuweisungen sind in diesem Alter sicherlich noch sehr gewagt. Persönlichkeitseigenschaften äußern sich zwar im Verhalten und können nur durch Verhalten erschlossen werden, aber Verhalten läßt einen Interpretationsspielraum zu – also Vorsicht!

Auf der verbalen Stufe könnte die Beschreibung lauten:

„Michael *stört* seine Mitschüler beim Essen."

Gegen diesen Satz ist dann nichts einzuwenden, wenn er auf (belegbaren) Tatsachen beruht. Die Favorisierung des verbalen Beschreibungsstils hat außerdem den Grund, daß sich viele Persönlichkeitscharakteristika in dieser Altersstufe noch in einem (manchmal stürmischen, aber unter Umständen auch durch Bewertungen geförderten) Entwicklungsprozeß befinden. Eine vorzeitige Eigenschaftszuweisung würde bedeuten, daß sich die festgeschriebene(n) Eigenschaft(en) auch in Zukunft mit einiger Sicherheit zeigen müßte(n). Sie werden zugeben, daß eine solche „Vorhersage" bei vielen Kindern unangebracht ist. Geben Sie dem Kind eine Chance! Die Kehrseite des verbalen Beschreibungsmodus ist, daß die Beschreibungen an die Konkretheit gebunden sind, damit eine Verallgemeinerung kaum zulassen und so die geforderte Frage nach dem „Wie" selten bewältigen. Eine gewisse „Zukunftsperspektive" muß gerade durch das „Wie" eröffnet werden, also durch adverbiale Beschreibungen, die Richtungen für weitere Entwicklungen weisen. Dabei ist am vorhandenen Positiven anzuknüpfen, dieses zu bekräftigen:

Formulierungen im Zeugnis sollten im wesentlichen positiv erfolgen.

Sie werden vielleicht einwenden, daß dies bei einigen Schülern schlechterdings unmöglich bzw. sehr schwierig ist. Nun ist es ja nicht immer nötig, in Superlativen zu schwelgen. Man kann versuchen, bestimmte Beschreibungen durch Zusätze abzuschwächen. Solche Relativierungen können erfolgen durch „oft", „nicht selten", „überwiegend", „meistens" usw. Dadurch wirken Ihre Aussagen nicht zu absolut und sind damit auch weniger anfechtbar. Nachfolgend unterbreiten wir Ihnen eine Reihe von möglichen Begriffsbeschreibungen für die einzelnen Zielgrößen in der Zeugnisbeurteilung. Diese Zusammenstellung soll nur ein Angebot sein und befreit Sie nicht von Ihrer Verantwortung. Die Übersicht erfolgte auf der Grundlage der im Literaturverzeichnis ausgewiesenen Literatur, Sie finden dort weitere Hinweise. In einigen Quellen (BARTNITZKY; CHRISTIANI, 1987, Grundschule ohne Zensuren, 1985, LANGER; LANGER; THEIMER, 1983) wird auch auf fachspezifische Aspekte eingegangen, auf die wir aus Platzgründen verzichten müssen (für den Bereich Mathematik außerdem: REGELEIN, 1989).

Begriffsbeschreibungen für das ***Lern- und Arbeitsverhalten***

konzentriert, aufmerksam, aufgeschlossen, belehrbar, gründlich, zuverlässig, vollständig, planmäßig, planvoll, zielstrebig, schnell, genau, umfassend, präzise, rasch, sicher, differenziert, sachgemäß, gewandt, umfangreich, gut verarbeitend, einordnend, gutes Gedächtnis, ausdrucksreich, klar, verständlich, flüssig, beweglich, anschaulich, treffend, situationsgerecht, Zusammenhänge erkennend, eifrig, fleißig, zweckmäßig, ausdauernd, produktiv, kritisch prüfend, selbständig (Gedanken entwickelnd, verarbeitend), rationell, zweckmäßig, geordnet, arbeitsfreudig, schnell, vielseitig, leicht, gliedernd, fragend, angespannt, bewußt, kontinuierlich, stetig, zügig, zielgerichtet, scharfsinnig, einfallsreich, logisch (denkend), phantasievoll, vorstellungsfähig, analysierend, kombinierend, urteilsfähig, bestimmt, überschauend, vielseitig, unterscheidungsfähig, erkennend (das Wesentliche, Zusammenhänge), scharf, abstrahierend, freudig, Probleme erfassend, schlußfolgernd, Gelerntes übertragend, aktiv, exakt, besonnen, gewissenhaft, neugierig, aufnahmebereit . . .;

das **Sozialverhalten**

aufrichtig, offen, verträglich, kameradschaftlich, rücksichtsvoll, zuverlässig, tolerant, anpassungsfähig, ordnet sich (gut, leicht) ein, kontaktfreudig, verantwortungsbewußt, gewissenhaft, pünktlich, umsichtig, vorausschauend, hilfsbereit, vorsichtig, zurückhaltend, beteiligt sich (aktiv, freudig, gern, bereitwillig), setzt sich für andere ein, übernimmt (gern, freiwillig) Aufgaben, energisch, tatkräftig, eifrig, lebhaft, gelassen, ruhig, begeistert/begeisternd, verträglich, bedacht, sicher, empfänglich, bereit/fähig zur Zusammenarbeit, führend, weiterführend, anregend, initiativreich, ideenreich, kommunikationsfähig, umstellungsfähig, zupackend, umsichtig, sich einordnend, anleitend, Anstöße gebend, willig, planend, ausgleichend, befruchtend, einsichtig, ermutigend, beständig, bindungsfähig, anteilnehmend, einfühlsam, taktvoll, pflichtbewußt, selbstlos;

die **individuellen Besonderheiten**

willensstark, zielstrebig, beherrscht, besonnen, vernunftbestimmt, sachlich, kontrolliert, beweglich, anpassungsfähig, gemessen, gesammelt, widerstandsfähig, belastbar, gefestigt, entschlossen, sicher, anregbar, ansprechbar, entschlossen, interessiert (an...), begeisterungsfähig, aufgeschlossen, offen, empfänglich, sensibel, mitgehend, ausgeglichen, harmonisch, gefühlstief, lebensfroh, vergnügt, heiter, froh, gut gelaunt, freudig, gelassen, zufrieden, bedächtig, nüchtern, gutmütig, hingebungsvoll, anhänglich, rational, selbstbewußt, (selbst-)diszipliniert, selbstvertrauend, selbstkritisch, selbstsicher, anspruchsvoll, bescheiden, vital, temperamentvoll, bedacht, fleißig, ordentlich, sorgfältig, unermüdlich, selbstlos.

Diese Auswahl ist sicherlich nur ein Teil der bestehenden Möglichkeiten, die die Sprache zur differenzierten Beschreibung und Beurteilung der Persönlichkeit bietet. Es ergeben sich dadurch wesentlich günstigere Ansatzpunkte für eine Bewertung der Kinder, als dies durch Zensuren möglich wäre. Die Gefahr eines Mißverständnisses ist jedoch dadurch noch nicht ausgeräumt:

Vermeiden Sie die Verwendung fachspezifischer Termini in der Beurteilung!

Die „Empfänger" Ihrer Informationen sind in der Regel keine Spezialisten. Vor allem bei der Beschreibung der Ergebnisse bei den verschiedenen Lerninhalten ist darauf zu achten.
Die Möglichkeiten, die durch eine sprachliche Bewertung gegeben sind, müssen konsequent genutzt werden. Die Angebote sollten mit den erwähnten Zielkategorien und deren jeweiligen konkreten Anforderungen in Beziehung gesetzt werden.

Fassen wir die Arbeitsschritte zur Erarbeitung des Wortgutachtens im Zeugnis noch einmal zusammen (in Anlehnung an MATTHES, 1979):

1. Informieren Sie sich über die (voraussichtlich 1991 neuen) *gesetzlichen Bestimmungen zur Abfassung von Zeugnissen* einschließlich der Aussagen zur Beurteilung.

2. Verschaffen Sie sich *zu jedem Schüler anhand Ihrer Unterlagen einen Überblick* über folgende wesentliche Bereiche:
   – Lernergebnisse,

- Lernverhalten/Lerntätigkeit,
- Sozialverhalten, zwischenmenschliche Beziehungen (Verhalten anderen Kindern und Erwachsenen gegenüber),
- individuelle Besonderheiten, Verhalten zu sich selbst.

3. Versuchen Sie sich über *Ursachen und Bedingungen bestimmter Erscheinungen* ein Bild zu verschaffen, mit denen möglicherweise dieses oder jenes erklärbar und einsichtig wird.

4. Überlegen Sie sich, welche *Hinweise und Anregungen für eine weitere positive Entwicklung des Kindes* abgeleitet werden können.

5. Fertigen Sie einen *Entwurf der Zeugnisbeurteilung* an und beraten Sie sich mit weiteren Bezugspersonen der Kinder der Klasse (Kollegen, Erzieher), auch bzgl. einzelner Formulierungen.

6. Überarbeiten Sie Ihren Entwurf entsprechend der erhaltenen Hinweise und schreiben Sie die *endgültige Fassung* nieder.

Es ist Ihnen viel Erfolg bei Ihrer schwierigen und verantwortungsvollen Aufgabe zu wünschen.

Literaturverzeichnis

Anastasi, A., Psychological Testing. Academic-Press, New York 1976.
Bartnitzky, H. (Hrsg.), Umgang mit Zensuren in allen Fächern. Scriptor, Frankfurt a. M. 1989.
Bartnitzky, H./Christiani, R., Zeugnisschreiben in der Grundschule. Arg. Dieck, Heinsberg/Rhld. 1987.
Binet, A., Die neuen Gedanken über das Schulkind. Wunderlich, Leipzig 1927.
Büscher, P., Theoretische Ansätze der kriteriumsorientierten Leistungsmessung, in: Heller, K. A. (Hrsg.), Leistungsdiagnostik in der Schule. Huber, Bern; Stuttgart; Torotono 1984.
Correll, W., Einführung in die pädagogische Psychologie. Auer, Donauwörth 1978.
Correll, W., Lernpsychologie. Auer, Donauwörth 1983.
Graumann, C. F., Eigenschaften als Problem der Persönlichkeitsforschung, in: Thomae, H./Lersch, P. (Hrsg.), Handbuch der Psychologie, Bd. IV. Hogrefe, Göttingen 1960.
Grundschule ohne Zensuren. C. Winter Univ.-Verl., Heidelberg 1985.
Guthke, J., Ist Intelligenz meßbar? Dtscher Verl. d. Wiss., Berlin 1978.
Hanke, B./Lohmöller, J.-B./Mandl, H., Schülerbeurteilung in der Grundschule. Oldenbourg, München 1980.
Herneck, F., Die heilige Neugier. Buchverl. d. Morgen, Berlin 1988.
Herzberg, K., Charakterforschung. Wegweiser-Verl., Berlin 1932.
Hofer, M., Sozialpsychologie erzieherischen Handelns. Hogrefe, Göttingen; Toronto; Zürich 1986.
Hofmann, B., The tyranny of testing. New York; London 1962.
Hofstätter, P. R. (Hrsg.), Psychologie. Fischer Taschenbuchverl., Frankfurt a. M. 1972.
Huber, G. L./Rost, D. H., Lernkonzepte und Unterricht, in: Rost, D. H. (Hrsg.), Unterrichtspsychologie für die Grundschule. Klinkhardt, Bad Heilbrunn/Obb. 1980.
Jäger, R. S./Mattenklott, A., Diagnostische Urteilsbildung in der Psychologie, in: Jäger, R. S./Mattenklott, A./Schröder, R.-D., Diagnostische Urteilsbildung in der Psychologie. Hogrefe, Göttingen; Toronto; Zürich 1983.
Jensen, A. R., Bias in mental testing. Free Press, New York 1980.
Karmel, L. J./Karmel, M. O., Measurement and evaluation in the schools. MacMillan, New York; London 1978.
Klauer, K. J., Notengebung unter individueller Bezugsnorm, in: Zeitschrift f. Entwicklungsps. u. Pädag. Psych. 2, 19. Jahrgang. Hogrefe, Göttingen 1987.
Konz, F., 1000 ganz legale Steuertricks. Knaur, München 1990.

Kossakowski, A./Lompscher, J., Zum Tätigkeitskonzept in der Psychologie, in: Pädagogische Forschung 1, 29. Jahrgang. APW, Berlin 1988.
Lang, A., Diagnostik und Autonomie der Person, in: Pulver, U./Lang, A./Schmid, F. W. (Hrsg.), Ist Psychodiagnostik verantwortbar? Huber, Bern; Stuttgart; Toronto 1978.
Langer, A./Langer, H./Theimer, H., Lehrer beobachten Schüler. Oldenbourg, München 1983.
Matthes, G., Diagnostik in der Klassenleitertätigkeit, in: Witzlack, G. (Hrsg.), Einführung in die Psychodiagnostik in der Schule. Volk u. Wissen, Berlin 1979.
Pulver, U., Die Krise der psychologischen Diagnostik – eine Koartationskrise? in: Pulver, U./Lang, A./Schmid, F. W. (Hrsg.), Ist Psychodiagnostik verantwortbar? Huber, Bern; Stuttgart; Toronto 1978.
Regelein, S., Der gesamte Mathematikunterricht im 1. Schuljahr. Oldenbourg, München 1989.
Rosenthal, R./Jacobson, L., Pygmalion im Klassenzimmer. Beltz, Weinheim 1971.
Ruddies, G. H., Psychostudio. Von der Beobachtung zur Beurteilung des Verhaltens. Deutsche Verlagsanst., Stuttgart 1974.
Schimunek, F.-P., Überlegungen zur Unterstufe aus psychologischer Sicht, in: Die Unterstufe 4, 37. Jahrgang, Volk und Wissen, Berlin 1990.
Schuler, H., Ethische Probleme psychologischer Forschung. Hogrefe, Göttingen; Toronto; Zürich 1980.
Smale G. G., Die sich selbst erfüllende Prophezeiung. Lambertus, Freiburg i. Br. 1983.
Spoerl, H., Die Feuerzangenbowle. Droste, Düsseldorf 1933.
Süllwold, F., Pädagogische Diagnostik, in: Groffmann, K. J./Michel, L. (Hrsg.), Intelligenz- und Leistungsdiagnostik. Hogrefe, Göttingen; Toronto; Zürich 1983.
Weck, H., Leistungsermittlung und Leistungsbewertung. Volk u. Wissen, Berlin 1976.
Weinert, F., Jenseits des Glaubens an notwendige und hinreichende Bedingungen des schulischen Lernens, in: Lompscher, J./Jantos, W./Schönian, S. (Hrsg.), Psychologische Methoden der Analyse und Ausbildung der Lerntätigkeit. Ges. f. Psych. d. DDR, Berlin 1988.
Witzlack, G., Verhaltensbewertung und Schülerbeurteilung. Volk und Wissen, Berlin 1982.